DIETA ANTINFIAMMATORIA 2025

100 Semplici e Gustose Ricette

Sara Bianchi

SOMMARIO

Capitolo 1: Principi e benefici della dieta antinfiammatoria

L'infiammazione è una risposta complessa del corpo a lesioni o infezioni. Funziona come un meccanismo di difesa che ci protegge dagli agenti patogeni e aiuta a guarire. Tuttavia, quando diventa cronica, può diventare un importante fattore di rischio e contribuire a diverse malattie. Per capire come funziona una dieta antinfiammatoria, è utile esaminare i meccanismi biochimici e cellulari che regolano questo processo nel nostro corpo.

L'infiammazione cronica si presenta come una risposta infiammatoria persistente e di basso grado che può durare mesi o anni. Questo stato continuo è spesso legato a malattie come:

- l'artrite reumatoide
- le malattie cardiovascolari
- il diabete di tipo 2

Nell'**artrite reumatoide**, per esempio, il sistema immunitario attacca erroneamente i tessuti sani delle articolazioni, causando dolore, rigidità e gonfiore. Nelle **malattie cardiovascolari**, l'infiammazione cronica può danneggiare i vasi sanguigni e favorire la formazione di placche, aumentando il rischio di infarto o ictus. Nel **diabete di tipo 2**, ostacola l'uso efficace dell'insulina, contribuendo alla resistenza insulinica e a problemi nel metabolismo degli zuccheri.

La dieta gioca un ruolo chiave: alimenti che favoriscono l'infiammazione, come zuccheri raffinati e grassi saturi, possono innescare e mantenere uno stato infiammatorio. Gli *zuccheri raffinati*, presenti in dolci, bevande zuccherate e cibi molto lavorati, fanno salire rapidamente i livelli di glucosio nel sangue e stimolano la produzione di sostanze infiammatorie come l'interleuchina-6 (IL-6) e il fattore di necrosi tumorale alfa (TNF-alfa). I *grassi saturi*, che si trovano in carni rosse e latticini grassi, attivano percorsi infiammatori attraverso recettori come il recettore per il fattore nucleare kappa B (NF-kB), contribuendo così all'infiammazione cronica.

La dieta antinfiammatoria cerca di contrastare questi effetti negativi scegliendo alimenti che riducono i marcatori infiammatori e promuovono la salute generale. Al centro di questo approccio ci sono cibi ricchi di:

- antiossidanti
- fibre

- grassi sani

Gli **antiossidanti**, presenti in frutta e verdura, neutralizzano i radicali liberi, molecole instabili che possono danneggiare le cellule e aumentare l'infiammazione. Le **fibre**, che si trovano in cereali integrali, legumi e verdure, aiutano a mantenere un sistema digestivo sano e contribuiscono a ridurre i livelli di proteina C-reattiva (PCR), un indicatore di infiammazione nel sangue.

I **grassi sani**, come quelli dell'olio d'oliva, delle noci e del pesce grasso come il salmone, sono fondamentali per una dieta antinfiammatoria. Questi forniscono acidi grassi omega-3, noti per le loro proprietà antinfiammatorie. Gli omega-3 riducono la produzione di sostanze legate all'infiammazione, come citochine ed eicosanoidi. Inoltre, l'olio d'oliva extra vergine è ricco di polifenoli, composti bioattivi che hanno effetti antinfiammatori attraverso meccanismi come l'inibizione della via di segnalazione NF-kB.

Per i giovani adulti tra i 25 e i 35 anni, seguire una dieta **antinfiammatoria** porta molti vantaggi, oltre a prevenire le malattie. Un beneficio immediato è l'aumento dei livelli di energia: in questa fase della vita, molti devono gestire carriere impegnative, una vita sociale attiva e, a volte, l'inizio di una famiglia. Un'alimentazione ricca di nutrienti antinfiammatori fornisce l'energia necessaria per affrontare queste sfide quotidiane. Frutta fresca, verdure a foglia verde, noci e semi sono pieni di vitamine e minerali essenziali che aiutano il metabolismo energetico. Le **vitamine del gruppo B**, che si trovano in cereali integrali e legumi, sono fondamentali per trasformare il cibo in energia e aumentano la produzione di **ATP**, la principale molecola energetica del corpo.

Questa dieta aiuta anche a mantenere la pelle sana. Gli **antiossidanti** come la vitamina C e la vitamina E, presenti in agrumi, kiwi, mandorle e avocado, proteggono la pelle dai danni dei radicali liberi e stimolano la produzione di collagene, importante per mantenere elasticità e compattezza. Gli acidi grassi omega-3, che si trovano nel pesce grasso come salmone e sardine, riducono l'infiammazione della pelle e migliorano problemi come acne e dermatite grazie alla loro capacità di regolare la risposta infiammatoria a livello cellulare.

Ridurre il rischio di malattie croniche in età avanzata è un aspetto molto importante. Studi dimostrano che una dieta ricca di alimenti antinfiammatori abbassa i livelli di marcatori infiammatori nel sangue, come la proteina C-reattiva, e riduce il rischio di malattie cardiovascolari, diabete di tipo 2 e alcuni tipi di cancro. Mangiare regolarmente fibre, che si trovano in:

- avena
- fagioli
- frutta

è associato a un rischio minore di malattie cardiache e a un miglior controllo dei livelli di zucchero nel sangue. Chi segue un'alimentazione ricca di fibre ha un rischio ridotto del 30% di sviluppare diabete di tipo 2.

La dieta antinfiammatoria aiuta anche a gestire lo stress, un vantaggio importante per i giovani adulti. Alimenti ricchi di **magnesio**, come spinaci, semi di zucca e cioccolato fondente, aiutano a regolare la risposta allo stress del corpo. Il magnesio favorisce il rilassamento muscolare e riduce l'ansia; diversi studi mostrano una connessione diretta tra l'assunzione di questo minerale e la diminuzione dei sintomi ansiosi. Un regime equilibrato che include:

- proteine magre
- carboidrati complessi
- grassi sani

stabilizza i livelli di zucchero nel sangue, evitando picchi e cali di energia che possono aumentare stress e irritabilità, e così migliora la resilienza psicologica.

Infine, la dieta antinfiammatoria migliora anche la concentrazione e la produttività, aspetti fondamentali per chi è impegnato in carriera e crescita personale. Gli acidi grassi omega-3, in particolare il DHA, sono essenziali per la salute del cervello e possono migliorare memoria e funzioni cognitive. Noci, semi di lino e pesce grasso sono ottime fonti di questi nutrienti; le ricerche indicano un aumento del 20% delle capacità cognitive in chi consuma regolarmente omega-3. Un apporto costante di glucosio attraverso carboidrati complessi, come quelli presenti in quinoa e patate dolci, fornisce al cervello l'energia necessaria per funzionare al meglio, evitando fluttuazioni che possono compromettere la concentrazione.

Per gli adulti di mezza età, seguire una dieta **antinfiammatoria** è un grande aiuto per affrontare i cambiamenti naturali di questa fase della vita. Tra i 36 e i 50 anni, il metabolismo tende a rallentare, il che significa che si bruciano meno calorie. Questo può rendere più difficile mantenere un peso sano. Inoltre, il rischio di malattie cardiovascolari aumenta notevolmente in questo periodo, quindi è importante scegliere alimenti che possano ridurre questi rischi.

Un punto chiave di questa dieta è che aiuta a mantenere un peso sano. Gli alimenti ricchi di fibre, come i cereali integrali, i legumi e le verdure, aiutano a sentirsi sazi e a mantenere stabili i livelli di zucchero nel sangue, evitando picchi che possono portare ad accumulare grasso. Ad esempio, 100 grammi di *quinoa* cotta contengono circa 2,8 grammi di fibre, che favoriscono una digestione più lenta e rilasciano energia in modo graduale, un aspetto importante per prevenire l'obesità.

Questa dieta ha anche il vantaggio di ridurre il colesterolo. Gli acidi grassi monoinsaturi presenti nell'olio d'oliva e nell'avocado sono utili per abbassare il colesterolo LDL, noto come "colesterolo cattivo". Consumare circa 20 grammi di olio d'oliva extra vergine ogni giorno può migliorare i livelli di colesterolo, grazie anche ai polifenoli che hanno un effetto antinfiammatorio e aiutano a ridurre il rischio di malattie cardiache.

Controllare la pressione sanguigna è altrettanto importante. Alimenti ricchi di potassio, come banane e spinaci, aiutano a bilanciare gli effetti del sodio e a mantenere la pressione arteriosa nei limiti. Mangiare una banana media al giorno, che contiene circa 422 mg di potassio, aiuta a mantenere questo equilibrio. Aggiungere pesce grasso come il *salmone* nella dieta settimanale fornisce acidi grassi omega-3, che possono ridurre la pressione sanguigna e migliorare la salute del cuore, con effetti positivi sulla funzionalità cardiaca.

Per sostenere la salute delle articolazioni e la densità ossea, è importante includere alimenti ricchi di calcio e vitamina D. Prodotti come il latte di mandorla fortificato e i semi di chia sono ottime fonti di calcio. Una porzione di 30 grammi di semi di chia, ad esempio, fornisce circa 177 mg di calcio, contribuendo a soddisfare il fabbisogno giornaliero. La vitamina D, necessaria per assorbire il calcio, si può ottenere sia dall'esposizione al sole sia da alimenti come il pesce grasso e i funghi esposti alla luce solare, che forniscono una buona quantità di questa vitamina.

Integrare alimenti antinfiammatori nei pasti quotidiani è semplice e gustoso. Le seguenti opzioni possono essere considerate:

- Una colazione a base di avena, arricchita con frutti di bosco e noci, offre una combinazione di fibre, antiossidanti e grassi sani, perfetta per iniziare la giornata in modo nutriente.
- A pranzo, un'insalata di spinaci con avocado, pomodori e semi di girasole fornisce un mix di nutrienti antinfiammatori, ideale per un pasto equilibrato.

- Per cena, un piatto di salmone al forno con contorno di broccoli e quinoa rappresenta una scelta completa e ricca di nutrienti essenziali.

Per iniziare e mantenere una dieta **antinfiammatoria**, è importante pianificare i pasti in modo intelligente. Un buon modo per cominciare è creare un menu settimanale che includa una varietà di alimenti nutrienti, assicurando un giusto equilibrio di macronutrienti e micronutrienti. Ad esempio, si potrebbe iniziare la settimana con una colazione a base di 200 grammi di *yogurt greco*, 100 grammi di *frutti di bosco* e 30 grammi di *semi di chia*, che fornisce circa 20 grammi di proteine, antiossidanti e fibre. Per il pranzo, un'insalata di quinoa con 150 grammi di quinoa, 200 grammi di verdure fresche e 30 grammi di noci offre un pasto equilibrato e saziante, ricco di proteine vegetali e grassi sani. La cena potrebbe includere un filetto di pesce al forno da 150 grammi, accompagnato da 200 grammi di verdure al vapore, come broccoli o spinaci, per un buon apporto di omega-3 e vitamine A e C.

Quando si fa la spesa, avere una lista aiuta a evitare acquisti impulsivi di cibi poco salutari. Scegliere prodotti freschi e di stagione garantisce una migliore qualità nutrizionale e spesso permette anche di risparmiare. È utile acquistare:

- almeno 500 grammi di cereali integrali

- 300 grammi di legumi
- 1 kg di frutta e verdura
- 200 grammi di noci e semi
- fonti di proteine magre come 500 grammi di pollo, 500 grammi di pesce e 400 grammi di tofu

L'olio d'oliva **extra vergine** dovrebbe essere la principale fonte di grassi per cucinare e condire, con un uso consigliato di circa 30-50 ml al giorno.

Per semplificare la preparazione dei pasti, si può dedicare un giorno alla settimana alla cottura degli ingredienti base da utilizzare in diverse ricette. Ad esempio, cuocere 1 kg di quinoa o riso integrale e conservarli in frigorifero permette di avere una base pronta per insalate o contorni. Anche le verdure possono essere lavate, tagliate e conservate in contenitori ermetici, così da averle sempre a disposizione durante la settimana e ridurre il tempo necessario ogni giorno.

Essere flessibili è fondamentale per personalizzare l'alimentazione. Ascoltare il proprio corpo e adattare la dieta alle proprie esigenze è importante. Se un alimento provoca disagio o non si adatta bene al proprio stile di vita, è utile essere pronti a cambiarlo; ad esempio, chi è intollerante al lattosio può optare per alternative come 200 ml di *latte di mandorla* o di *soia*. Variare gli alimenti aiuta a evitare carenze nutrizionali e mantiene vivo l'interesse, includendo almeno 5-7 porzioni di frutta e verdura al giorno.

Mangiare fuori casa può essere una sfida, ma alcune strategie aiutano a mantenere un approccio antinfiammatorio. Controllare il menu online del ristorante prima di uscire aiuta a scegliere piatti che si adattano alla dieta. Scegliere insalate, piatti a base di pesce o pollo alla griglia e chiedere i condimenti a parte sono buone pratiche. Non bisogna esitare a richiedere modifiche ai piatti per adattarli alle proprie esigenze, come sostituire le patatine fritte con 200 grammi di verdure al vapore.

Coinvolgere la famiglia rende più facile adottare un approccio sostenibile. Preparare pasti che piacciono a tutti e coinvolgere i membri nella pianificazione e preparazione rende l'esperienza più piacevole e meno stressante. Si può, ad esempio, organizzare una serata settimanale in cui tutti partecipano alla preparazione di una cena a tema, come una serata di cucina mediterranea con piatti ricchi di verdure, pesce e olio d'oliva, includendo almeno 3-4 diverse ricette.

CAPITOLO 2: COLAZIONI E SPUNTINI ANTINFIAMMATORI

1. Porridge di Avena e Mirtilli

⏱ tempo di preparazione: 5 minuti

🔥 tempo di cottura: 10 minuti

🍽 porzioni: 2

☆ grado di difficoltà: Facile

Ingredienti

- 100 g di fiocchi d'avena
- 300 ml di latte di mandorla non zuccherato
- 100 g di mirtilli freschi
- 1 cucchiaio di semi di chia
- 1 cucchiaino di miele
- 1 pizzico di cannella in polvere

Procedimento

1. In una pentola, unire i fiocchi d'avena e il latte di mandorla. Portare a ebollizione a fuoco medio.
2. Ridurre il fuoco e cuocere a fuoco lento per circa 5-7 minuti, mescolando di tanto in tanto, fino a quando l'avena è morbida e cremosa.
3. Aggiungere i semi di chia e mescolare bene. Continuare a cuocere per altri 2 minuti.
4. Togliere dal fuoco e incorporare il miele e la cannella.
5. Versare il porridge in due ciotole e guarnire con i mirtilli freschi.

Valori nutrizionali per porzione

Calorie: 250
Carboidrati: 40 g
Fibre: 8 g
Zuccheri: 10 g
Proteine: 6 g
Grassi saturi: 0,5 g
Grassi insaturi: 3 g

Consigli per varianti degli ingredienti

Puoi sostituire i mirtilli con lamponi o fragole per variare il gusto.

2. Smoothie Verde con Spinaci e Zenzero

⏱ tempo di preparazione: 5 minuti

🍴 porzioni: 2

☆ grado di difficoltà: Facile

Ingredienti

- 100 g di spinaci freschi
- 1 banana matura
- 1 cucchiaino di zenzero fresco grattugiato
- 200 ml di acqua di cocco
- 1 cucchiaio di semi di lino
- 1 cucchiaino di miele (opzionale)
- Ghiaccio a piacere

Procedimento

1. Lavare accuratamente gli spinaci sotto acqua corrente fredda e asciugarli con un panno pulito.
2. Sbucciare la banana e tagliarla a fette.
3. In un frullatore, unire gli spinaci, la banana, lo zenzero grattugiato, l'acqua di cocco e i semi di lino.
4. Frullare a velocità alta fino a ottenere una consistenza liscia e omogenea.
5. Aggiungere il miele se si desidera un tocco di dolcezza in più.
6. Aggiungere il ghiaccio e frullare nuovamente fino a quando il ghiaccio è completamente tritato.
7. Versare il smoothie in due bicchieri e servire immediatamente.

Consigli per varianti degli ingredienti

Puoi sostituire l'acqua di cocco con latte di mandorla per un gusto più cremoso.

3. Pancake di Farina di Mandorle

⏱ tempo di preparazione: 10 minuti

🔥 tempo di cottura: 10 minuti

🍴 porzioni: 2

☆ grado di difficoltà: Facile

Ingredienti

- 100 g di farina di mandorle
- 2 uova
- 50 ml di latte di mandorla non zuccherato
- 1 cucchiaino di lievito in polvere
- 1 cucchiaino di estratto di vaniglia
- 1 pizzico di sale
- Olio di cocco per ungere la padella

Procedimento

1. In una ciotola, sbattere le uova con il latte di mandorla e l'estratto di vaniglia fino a ottenere un composto omogeneo.
2. In un'altra ciotola, mescolare la farina di mandorle, il lievito in polvere e il sale.
3. Unire gli ingredienti secchi a quelli liquidi, mescolando fino a ottenere una pastella liscia e senza grumi.
4. Scaldare una padella antiaderente a fuoco medio e ungerla leggermente con olio di cocco.
5. Versare un mestolo di pastella nella padella calda e cuocere per 2-3 minuti, finché non si formano delle bolle sulla superficie.
6. Girare il pancake e cuocere per altri 2 minuti, fino a doratura.
7. Ripetere il processo con la pastella rimanente.

Valori nutrizionali per porzione

Calorie: 250
Carboidrati: 6 g
Fibre: 3 g
Zuccheri: 1 g
Proteine: 10 g
Grassi saturi: 2 g
Grassi insaturi: 10 g

Consigli per varianti degli ingredienti

Puoi aggiungere mirtilli freschi o lamponi alla pastella per un tocco di dolcezza naturale.

4. Yogurt Greco con Noci e Miele

⏱ tempo di preparazione: 5 minuti

🍽 porzioni: 1

☆ grado di difficoltà: Facile

Ingredienti

- 200 g di yogurt greco naturale
- 30 g di noci
- 1 cucchiaino di miele
- 1 pizzico di cannella in polvere (opzionale)

Procedimento

1. Versare lo yogurt greco in una ciotola.
2. Tritare grossolanamente le noci con un coltello.
3. Aggiungere le noci tritate allo yogurt.
4. Versare il miele sopra lo yogurt e le noci.
5. Mescolare delicatamente per amalgamare gli ingredienti.
6. Spolverare con un pizzico di cannella, se desiderato.

Consigli per varianti degli ingredienti

Puoi sostituire le noci con mandorle o nocciole per variare il sapore e la consistenza.

5. Frullato di Frutti Rossi e Semi di Chia

🕐 tempo di preparazione: 5 minuti

🍴 porzioni: 1

☆ grado di difficoltà: Facile

Ingredienti

- 150 g di frutti rossi misti (mirtilli, lamponi, fragole)
- 200 ml di latte di mandorla non zuccherato
- 1 cucchiaio di semi di chia
- 1 cucchiaino di miele (opzionale)
- 1/2 banana matura

Procedimento

1. Lavare accuratamente i frutti rossi sotto acqua corrente e asciugarli con un panno pulito.
2. Tagliare la banana a rondelle.
3. In un frullatore, unire i frutti rossi, la banana, il latte di mandorla e i semi di chia.
4. Frullare il tutto fino a ottenere un composto omogeneo e cremoso.

5. Assaggiare e, se desiderato, aggiungere il miele per dolcificare.

6. Versare il frullato in un bicchiere e servire immediatamente.

Consigli per varianti degli ingredienti

Puoi sostituire il latte di mandorla con latte di cocco per un sapore più esotico.

6. Frittata di Albumi con Verdure

⏲ tempo di preparazione: 10 minuti

🔥 tempo di cottura: 10 minuti

🍴 porzioni: 2

☆ grado di difficoltà: Facile

Ingredienti

- 6 albumi d'uovo
- 1 zucchina media
- 1 peperone rosso
- 1 cipolla piccola
- 1 cucchiaio di olio extravergine d'oliva
- Sale q.b.
- Pepe nero q.b.
- Prezzemolo fresco tritato q.b.

Procedimento

1. Lavare la zucchina e il peperone. Tagliare la zucchina a rondelle sottili e il peperone a strisce.

2. Sbucciare e affettare finemente la cipolla.

3. In una padella antiaderente, scaldare l'olio extravergine d'oliva a fuoco medio.

4. Aggiungere la cipolla e farla rosolare per 2-3 minuti fino a quando diventa trasparente.

5. Unire le zucchine e i peperoni alla padella e cuocere per altri 5 minuti, mescolando di tanto in tanto.

6. In una ciotola, sbattere leggermente gli albumi con una forchetta. Aggiungere un pizzico di sale e pepe.

7. Versare gli albumi nella padella sopra le verdure, distribuendoli uniformemente.

8. Cuocere a fuoco medio-basso per 3-4 minuti, coprendo con un coperchio, fino a quando gli albumi sono

completamente cotti.

9. Spolverare con prezzemolo fresco tritato prima di servire.

Valore nutrizionale per porzione

Calorie: 150
Carboidrati: 8 g
Fibre: 2 g
Zuccheri: 4 g
Proteine: 15 g
Grassi saturi: 1 g
Grassi insaturi: 5 g

Consigli per varianti degli ingredienti

Puoi aggiungere spinaci freschi o funghi per arricchire ulteriormente la frittata.

7. Muffin di Carote e Noci

🕐 tempo di preparazione: 15 minuti

🍳 tempo di cottura: 20 minuti

🍽 porzioni: 12 muffin

☆ grado di difficoltà: Facile

Ingredienti

- 200 g di carote grattugiate
- 100 g di noci tritate
- 150 g di farina integrale
- 100 g di zucchero di canna
- 2 uova
- 80 ml di olio di semi di girasole
- 1 cucchiaino di lievito per dolci
- 1 cucchiaino di cannella in polvere
- 1 pizzico di sale
- 1 cucchiaino di estratto di vaniglia

Procedimento

1. Preriscaldare il forno a 180°C e preparare una teglia per muffin con pirottini di carta.
2. In una ciotola grande, mescolare le carote grattugiate e le noci tritate.
3. In un'altra ciotola, sbattere le uova con lo zucchero di canna fino a ottenere un composto chiaro e spumoso.
4. Aggiungere l'olio di semi di girasole e l'estratto di vaniglia al composto di uova e zucchero, mescolando bene.

5. In una terza ciotola, setacciare insieme la farina integrale, il lievito, la cannella e il sale.

6. Unire gradualmente gli ingredienti secchi al composto umido, mescolando delicatamente fino a ottenere un impasto omogeneo.

7. Incorporare le carote e le noci al composto, mescolando fino a distribuirle uniformemente.

8. Versare l'impasto nei pirottini, riempiendoli per circa 3/4.

9. Cuocere in forno preriscaldato per 20 minuti, o fino a quando uno stuzzicadenti inserito al centro dei muffin esce pulito.

10. Lasciare raffreddare i muffin su una griglia prima di servirli.

Valore nutrizionale per porzione

Calorie: 180
Carboidrati: 20 g
Fibre: 3 g
Zuccheri: 10 g
Proteine: 4 g

Grassi saturi: 1 g
Grassi insaturi: 7 g

Consigli per varianti degli ingredienti

Puoi sostituire le noci con mandorle o nocciole per un sapore diverso.

8. Tè Matcha con Latte di Mandorla

⏲ tempo di preparazione: 5 minuti

🍽 porzioni: 1

☆ grado di difficoltà: Facile

Ingredienti

- 1 cucchiaino di tè matcha in polvere
- 250 ml di latte di mandorla non zuccherato
- 1 cucchiaino di miele o sciroppo d'acero (opzionale)
- 1 pizzico di vaniglia in polvere (opzionale)

Procedimento

1. Scaldare il latte di mandorla in un pentolino a fuoco medio, senza portarlo a ebollizione.

2. In una tazza,

setacciare il tè matcha in polvere per evitare grumi.

3. Aggiungere un po' di latte di mandorla caldo al tè matcha e mescolare energicamente con un frustino o un cucchiaino fino a ottenere una pasta liscia.

4. Versare il resto del latte di mandorla caldo nella tazza, mescolando continuamente per amalgamare bene il tè matcha.

5. Aggiungere il miele o lo sciroppo d'acero e la vaniglia in polvere, se desiderato, e mescolare fino a completo scioglimento.

6. Servire caldo e gustare.

Consigli per varianti degli ingredienti

Puoi sostituire il latte di mandorla con latte di cocco o di avena per un sapore diverso.

9. Barrette di Cereali e Frutta Secca

⏱ tempo di preparazione: 15 minuti

🔥 tempo di cottura: 20 minuti

🍴 porzioni: 12 barrette

☆ grado di difficoltà: Facile

Ingredienti

- 150 g di fiocchi d'avena
- 50 g di mandorle tritate
- 50 g di noci tritate
- 50 g di semi di zucca
- 50 g di semi di girasole
- 100 g di miele
- 50 g di burro di mandorle
- 1 cucchiaino di cannella in polvere
- 1 pizzico di sale

Procedimento

1. Preriscaldare il forno a 180°C e foderare una teglia quadrata di circa 20 cm con carta da forno.

2. In una ciotola grande, mescolare i fiocchi d'avena, le mandorle, le noci, i semi di zucca e i semi di girasole.

3. In un pentolino a fuoco basso, scaldare il miele e il burro di mandorle fino a ottenere un composto omogeneo.

4. Aggiungere la cannella e il sale al composto di miele e burro di mandorle, mescolando bene.

5. Versare il composto liquido sugli ingredienti secchi e mescolare fino a quando tutto è ben amalgamato.

6. Trasferire il composto nella teglia preparata, premendo bene con il dorso di un cucchiaio per compattare.

7. Cuocere in forno preriscaldato per 20 minuti, o fino a quando le barrette sono dorate.

8. Lasciare raffreddare completamente nella teglia prima di tagliare in 12 barrette.

Valore nutrizionale per porzione

Calorie: 180
Carboidrati: 20 g
Fibre: 3 g
Zuccheri: 10 g
Proteine: 5 g
Grassi saturi: 1 g
Grassi insaturi: 8 g

Consigli per varianti degli ingredienti

Puoi sostituire le mandorle e le noci con nocciole o anacardi per un sapore diverso.

10. Crema di Ricotta e Frutti di Bosco

⏱ tempo di preparazione: 10 minuti

🍽 porzioni: 2

☆ grado di difficoltà: Facile

Ingredienti

- 200 g di ricotta fresca
- 100 g di frutti di bosco misti (mirtilli, lamponi, more)
- 1 cucchiaio di miele
- 1 cucchiaino di succo di limone
- 1 cucchiaino di scorza di limone grattugiata
- 1 pizzico di cannella in polvere
- Foglie di menta fresca per guarnire (opzionale)

Procedimento

1. In una ciotola, mescolare la ricotta con il miele fino a ottenere una crema liscia e omogenea.
2. Aggiungere il succo di

limone e la scorza di limone grattugiata alla crema di ricotta, mescolando bene per amalgamare i sapori.

3. Distribuire la crema di ricotta in due coppette o bicchieri.

4. Lavare delicatamente i frutti di bosco e asciugarli con carta da cucina.

5. Distribuire i frutti di bosco sopra la crema di ricotta in modo uniforme.

6. Spolverare con un pizzico di cannella in polvere.

7. Guarnire con foglie di menta fresca, se desiderato.

Valore nutrizionale per porzione

Calorie: 180
Carboidrati: 20 g
Fibre: 3 g
Zuccheri: 15 g
Proteine: 8 g
Grassi saturi: 4 g
Grassi insaturi: 2 g

Consigli per varianti degli ingredienti

Puoi sostituire i frutti di bosco con fragole a fette o pesche a cubetti per un sapore diverso.

11. Insalata di Quinoa e Avocado

⏱ tempo di preparazione: 15 minuti

🍴 porzioni: 2

☆ grado di difficoltà: Facile

Ingredienti

- 100 g di quinoa
- 1 avocado maturo
- 150 g di pomodorini ciliegia
- 1 cetriolo
- 1 cipolla rossa piccola
- 2 cucchiai di olio extravergine d'oliva
- Succo di 1 limone
- Sale q.b.
- Pepe nero q.b.
- Foglie di prezzemolo fresco per guarnire

Procedimento

1. Sciacquare la quinoa sotto acqua corrente fredda per eliminare eventuali residui di saponina.

2. Cuocere la quinoa in una pentola con 200 ml di acqua. Portare a

ebollizione, quindi abbassare la fiamma e coprire. Cuocere per circa 15 minuti o fino a quando l'acqua è completamente assorbita. Lasciare raffreddare.
3. Tagliare l'avocado a metà, rimuovere il nocciolo e tagliare la polpa a cubetti.
4. Lavare i pomodorini e tagliarli a metà.
5. Pelare il cetriolo e tagliarlo a dadini.
6. Affettare finemente la cipolla rossa.
7. In una ciotola grande, unire la quinoa cotta, l'avocado, i pomodorini, il cetriolo e la cipolla.
8. Condire con olio d'oliva, succo di limone, sale e pepe. Mescolare bene per amalgamare i sapori.
9. Guarnire con foglie di prezzemolo fresco prima di servire.

Valore nutrizionale per porzione

Calorie: 350
Carboidrati: 40 g
Fibre: 10 g
Zuccheri: 5 g

Proteine: 8 g
Grassi saturi: 2 g
Grassi insaturi: 15 g

Consigli per varianti degli ingredienti

Puoi aggiungere ceci cotti per aumentare l'apporto proteico o sostituire il prezzemolo con coriandolo per un sapore più esotico.

12. Toast di Segale con Hummus e Pomodori

⏱ tempo di preparazione: 10 minuti

🍴 porzioni: 2

☆ grado di difficoltà: Facile

Ingredienti

- 4 fette di pane di segale
- 200 g di hummus
- 150 g di pomodori ciliegia
- 1 cucchiaio di olio extravergine d'oliva
- Sale q.b.
- Pepe nero q.b.
- Foglie di basilico fresco per guarnire

Procedimento

1. Tostare le fette di pane di segale in un tostapane o su una griglia fino a quando sono croccanti.
2. Lavare i pomodori ciliegia e tagliarli a metà.
3. Spalmare uno strato generoso di hummus su ciascuna fetta di pane tostato.
4. Distribuire i pomodori ciliegia tagliati sopra l'hummus.
5. Condire con un filo di olio extravergine d'oliva, un pizzico di sale e pepe nero a piacere.
6. Guarnire con foglie di basilico fresco prima di servire.

Valore nutrizionale per porzione

Calorie: 250
Carboidrati: 30 g
Fibre: 8 g
Zuccheri: 4 g
Proteine: 8 g
Grassi saturi: 1 g
Grassi insaturi: 10 g

Consigli per varianti degli ingredienti

Puoi sostituire i pomodori ciliegia con fette di cetriolo per un'opzione più fresca o aggiungere semi di sesamo tostati per un tocco croccante.

13. Budino di Chia al Cacao

⏱ tempo di preparazione: 5 minuti

🍴 porzioni: 2

☆ grado di difficoltà: Facile

Ingredienti

- 40 g di semi di chia
- 250 ml di latte di mandorla non zuccherato
- 2 cucchiai di cacao amaro in polvere
- 1 cucchiaio di sciroppo d'acero
- 1 cucchiaino di estratto di vaniglia
- Frutta fresca a piacere per guarnire

Procedimento

1. In una ciotola, unire i semi di chia, il latte di mandorla, il cacao in polvere, lo sciroppo d'acero e l'estratto di vaniglia.
2. Mescolare bene fino a quando tutti gli ingredienti

sono ben amalgamati.

3. Coprire la ciotola con pellicola trasparente e lasciare riposare in frigorifero per almeno 4 ore o durante la notte, fino a quando il composto si addensa e assume una consistenza simile a un budino.

4. Prima di servire, mescolare nuovamente il budino per assicurarsi che sia omogeneo.

5. Distribuire il budino in due ciotole e guarnire con frutta fresca a piacere.

Valore nutrizionale per porzione

Calorie: 200
Carboidrati: 20 g
Fibre: 10 g
Zuccheri: 8 g
Proteine: 6 g
Grassi saturi: 1 g
Grassi insaturi: 8 g

Consigli per varianti degli ingredienti

Puoi sostituire il latte di mandorla con latte di cocco per un sapore più ricco o aggiungere un pizzico di cannella per un tocco speziato.

14. Zuppa di Miso con Tofu

⏱ tempo di preparazione: 10 minuti

🔥 tempo di cottura: 10 minuti

🍴 porzioni: 2

☆ grado di difficoltà: Facile

Ingredienti

- 500 ml di acqua
- 2 cucchiai di miso bianco
- 100 g di tofu, tagliato a cubetti
- 1 cipollotto, affettato finemente
- 1 foglio di alga nori, tagliato a strisce sottili
- 1 cucchiaio di salsa di soia a basso contenuto di sodio
- 1 cucchiaino di zenzero fresco grattugiato
- 1 manciata di spinaci freschi

Procedimento

1. In una pentola, portare l'acqua a ebollizione a fuoco medio.

2. Aggiungere il miso bianco e mescolare bene fino a quando si scioglie completamente.
3. Unire il tofu a cubetti e cuocere per 3-4 minuti.
4. Aggiungere il cipollotto affettato, l'alga nori e lo zenzero grattugiato.
5. Versare la salsa di soia e mescolare bene.
6. Aggiungere gli spinaci freschi e cuocere per altri 2 minuti, fino a quando gli spinaci si ammorbidiscono.
7. Togliere dal fuoco e servire caldo.

Valore nutrizionale per porzione

Calorie: 150
Carboidrati: 10 g
Fibre: 3 g
Zuccheri: 2 g
Proteine: 10 g
Grassi saturi: 1 g
Grassi insaturi: 4 g

Consigli per varianti degli ingredienti

Puoi sostituire il tofu con tempèh per una consistenza diversa o aggiungere funghi shiitake per un sapore più ricco.

15. Focaccine di Ceci e Rosmarino

⏱ tempo di preparazione: 10 minuti

🔥 tempo di cottura: 15 minuti

🍴 porzioni: 4

☆ grado di difficoltà: Facile

Ingredienti

- 200 g di farina di ceci
- 200 ml di acqua
- 2 cucchiai di olio extravergine d'oliva
- 1 cucchiaino di sale
- 1 rametto di rosmarino fresco, tritato
- 1 cucchiaino di lievito in polvere

Procedimento

1. In una ciotola, mescolare la farina di ceci, il lievito in polvere e il sale.
2. Aggiungere l'acqua e l'olio extravergine d'oliva, mescolando fino a ottenere un impasto omogeneo.
3. Incorporare il

rosmarino tritato nell'impasto.

4. Preriscaldare il forno a 200°C e foderare una teglia con carta da forno.

5. Con le mani leggermente unte, formare delle piccole focaccine e disporle sulla teglia.

6. Cuocere in forno per 15 minuti, o fino a quando le focaccine sono dorate.

7. Lasciare raffreddare leggermente prima di servire.

Valore nutrizionale per porzione

Calorie: 150
Carboidrati: 20 g
Fibre: 3 g
Zuccheri: 1 g
Proteine: 5 g
Grassi saturi: 0,5 g
Grassi insaturi: 4 g

Consigli per varianti degli ingredienti

Puoi aggiungere semi di sesamo o di papavero per un tocco croccante o sostituire il rosmarino con timo per un sapore diverso.

16. Insalata di Spinaci e Mandorle

🕐 tempo di preparazione: 10 minuti

🍴 porzioni: 2

☆ grado di difficoltà: Facile

Ingredienti

- 100 g di spinaci freschi
- 30 g di mandorle a lamelle
- 1 arancia, pelata e tagliata a fette
- 1 cucchiaio di olio extravergine d'oliva
- 1 cucchiaino di aceto di mele
- Sale q.b.
- Pepe nero macinato fresco q.b.

Procedimento

1. Lavare accuratamente gli spinaci sotto acqua corrente e asciugarli con una centrifuga per insalata o un panno pulito.

2. In una padella antiaderente, tostare le mandorle a lamelle a fuoco medio per 2-3

minuti, mescolando frequentemente, fino a quando sono dorate. Togliere dal fuoco e lasciare raffreddare.

3. In una ciotola grande, unire gli spinaci, le fette di arancia e le mandorle tostate.

4. In una piccola ciotola, emulsionare l'olio extravergine d'oliva con l'aceto di mele, un pizzico di sale e pepe nero a piacere.

5. Versare il condimento sull'insalata e mescolare delicatamente per distribuire uniformemente.

6. Servire immediatamente.

Valore nutrizionale per porzione

Calorie: 180
Carboidrati: 12 g
Fibre: 4 g
Zuccheri: 8 g
Proteine: 4 g
Grassi saturi: 1 g
Grassi insaturi: 9 g

Consigli per varianti degli ingredienti

Puoi sostituire le mandorle con noci pecan per un sapore diverso o aggiungere semi di melograno per un tocco di dolcezza in più.

17. Smoothie di Mango e Curcuma

⏱ tempo di preparazione: 5 minuti

🍴 porzioni: 2

☆ grado di difficoltà: Facile

Ingredienti

- 1 mango maturo, sbucciato e tagliato a pezzi
- 1 banana matura
- 200 ml di latte di mandorla non zuccherato
- 1 cucchiaino di curcuma in polvere
- 1 cucchiaino di miele (opzionale)
- 1 pizzico di pepe nero macinato fresco
- Cubetti di ghiaccio a piacere

Procedimento

1. Mettere i pezzi di mango e la banana nel frullatore.

2. Aggiungere il latte di mandorla, la curcuma in polvere e il miele, se desiderato.

3. Aggiungere un pizzico di pepe nero per migliorare l'assorbimento della curcuma.

4. Aggiungere i cubetti di ghiaccio per una consistenza più fresca.

5. Frullare a velocità alta fino a ottenere una consistenza liscia e cremosa.

6. Versare nei bicchieri e servire immediatamente.

Consigli per varianti degli ingredienti

Puoi sostituire il latte di mandorla con latte di cocco per un sapore più esotico o aggiungere un cucchiaino di zenzero fresco grattugiato per un tocco piccante.

18. Porridge di Quinoa e Mele

⏱ tempo di preparazione: 10 minuti

🍲 tempo di cottura: 15 minuti

🍽 porzioni: 2

☆ grado di difficoltà: Facile

Ingredienti

- 100 g di quinoa
- 250 ml di acqua
- 1 mela, sbucciata e tagliata a cubetti
- 1 cucchiaino di cannella in polvere
- 1 cucchiaio di miele
- 30 g di noci tritate
- 1 pizzico di sale

Procedimento

1. Sciacquare la quinoa sotto acqua corrente fredda per eliminare eventuali residui di saponina.

2. In una pentola, portare a ebollizione l'acqua con un pizzico di sale.

3. Aggiungere la quinoa e ridurre il fuoco a medio-basso. Coprire e cuocere per 12-15 minuti, o fino a quando la quinoa è cotta e l'acqua è stata assorbita.

4. Nel frattempo, in una padella antiaderente, cuocere i cubetti di mela con la cannella a fuoco medio per 5 minuti, mescolando di tanto in tanto, fino a quando le

mele sono morbide.

5. Una volta cotta, trasferire la quinoa in una ciotola e aggiungere le mele cotte, il miele e le noci tritate. Mescolare bene per amalgamare gli ingredienti.

6. Servire caldo.

Valore nutrizionale per porzione

Calorie: 320
Carboidrati: 55 g
Fibre: 6 g
Zuccheri: 18 g
Proteine: 7 g
Grassi saturi: 1 g
Grassi insaturi: 5 g

Consigli per varianti degli ingredienti

Puoi sostituire le noci con mandorle o nocciole per un sapore diverso, oppure aggiungere un cucchiaio di semi di chia per un apporto extra di fibre.

19. Frittelle di Zucchine al Forno

⏱ tempo di preparazione: 15 minuti

🔥 tempo di cottura: 20 minuti

🍴 porzioni: 4

☆ grado di difficoltà: Facile

Ingredienti

- 3 zucchine medie
- 2 uova
- 50 g di farina di mandorle
- 30 g di parmigiano grattugiato
- 1 spicchio d'aglio tritato
- 1 cucchiaino di origano secco
- Sale q.b.
- Pepe nero q.b.
- Olio extravergine d'oliva per ungere la teglia

Procedimento

1. Preriscaldare il forno a 200°C e ungere leggermente una teglia con olio extravergine d'oliva.

2. Grattugiare le zucchine con una grattugia a fori larghi e strizzarle bene per eliminare l'acqua in eccesso.

3. In una ciotola capiente, sbattere le uova e aggiungere la farina di mandorle, il parmigiano, l'aglio tritato, l'origano, il

sale e il pepe. Mescolare bene.

4. Aggiungere le zucchine grattugiate al composto di uova e mescolare fino a ottenere un impasto omogeneo.

5. Con l'aiuto di un cucchiaio, formare delle piccole frittelle e disporle sulla teglia preparata.

6. Cuocere in forno per 20 minuti, girando le frittelle a metà cottura, fino a quando sono dorate e croccanti.

Valore nutrizionale per porzione

Calorie: 120
Carboidrati: 5 g
Fibre: 2 g
Zuccheri: 2 g
Proteine: 8 g
Grassi saturi: 2 g
Grassi insaturi: 5 g

Consigli per varianti degli ingredienti

Puoi sostituire la farina di mandorle con farina di ceci per una versione senza frutta secca, oppure aggiungere un pizzico di peperoncino in polvere per un tocco piccante.

20. Tè Verde con Limone e Miele

⏱ tempo di preparazione: 5 minuti

🍽 porzioni: 1

☆ grado di difficoltà: Facile

Ingredienti

- 1 bustina di tè verde
- 250 ml di acqua
- 1 fetta di limone
- 1 cucchiaino di miele

Procedimento

1. Portare l'acqua a ebollizione in un pentolino.

2. Versare l'acqua bollente in una tazza e aggiungere la bustina di tè verde.

3. Lasciare in infusione per 3 minuti, quindi rimuovere la bustina di tè.

4. Aggiungere la fetta di limone e il miele, mescolando bene fino a quando il miele si è sciolto completamente.

5. Servire caldo.

Consigli per varianti degli ingredienti

Puoi sostituire il miele con sciroppo d'agave per una versione vegana, oppure aggiungere una foglia di menta fresca per un tocco di freschezza.

21. Insalata di Farro e Verdure Grigliate

⏱ tempo di preparazione: 20 minuti

🔥 tempo di cottura: 30 minuti

🍴 porzioni: 4

☆ grado di difficoltà: Facile

Ingredienti

- 200 g di farro
- 1 peperone rosso
- 1 zucchina
- 1 melanzana piccola
- 10 pomodorini ciliegia
- 50 g di rucola
- 2 cucchiai di olio extravergine d'oliva
- 1 cucchiaio di aceto balsamico
- Sale q.b.
- Pepe nero q.b.

Procedimento

1. Sciacquare il farro sotto acqua corrente e cuocerlo in abbondante acqua salata per circa 20 minuti o fino a quando è tenero. Scolare e lasciare raffreddare.
2. Tagliare il peperone, la zucchina e la melanzana a fette spesse circa 1 cm.
3. Riscaldare una griglia o una padella antiaderente e grigliare le verdure per 5 minuti su ogni lato, fino a quando sono ben cotte e leggermente abbrustolite. Lasciarle raffreddare e tagliarle a pezzi più piccoli.
4. Tagliare i pomodorini a metà.
5. In una ciotola capiente, unire il farro cotto, le verdure grigliate, i pomodorini e la rucola.
6. Condire con olio extravergine d'oliva, aceto balsamico, sale e pepe. Mescolare bene per amalgamare i sapori.

Valore nutrizionale per porzione

Calorie: 250
Carboidrati: 40 g

Fibre: 8 g

Zuccheri: 5 g

Proteine: 7 g

Grassi saturi: 1 g

Grassi insaturi: 5 g

Consigli per varianti degli ingredienti

Puoi sostituire la rucola con spinaci freschi per un sapore più delicato, oppure aggiungere semi di girasole tostati per un tocco croccante.

22. Crema di Avocado e Lime

⏲ tempo di preparazione: 10 minuti

🍴 porzioni: 2

☆ grado di difficoltà: Facile

Ingredienti

- 2 avocado maturi
- 1 lime
- 1 cucchiaio di olio extravergine d'oliva
- Sale q.b.
- Pepe nero q.b.

Procedimento

1. Tagliare gli avocado a metà, rimuovere il nocciolo e prelevare la polpa con un cucchiaio.
2. Mettere la polpa di avocado in una ciotola e schiacciarla con una forchetta fino a ottenere una consistenza cremosa.
3. Spremere il succo del lime e aggiungerlo alla crema di avocado.
4. Aggiungere l'olio extravergine d'oliva, un pizzico di sale e pepe nero a piacere.
5. Mescolare bene tutti gli ingredienti fino a ottenere una crema omogenea.

Consigli per varianti degli ingredienti

Puoi aggiungere un pizzico di peperoncino in polvere per un tocco piccante, oppure un po' di coriandolo fresco tritato per un sapore più aromatico.

23. Barrette di Avena e Cioccolato Fondente

⏲ tempo di preparazione: 15 minuti

🔥 tempo di cottura: 20 minuti

porzioni: 8

grado di difficoltà: Facile

Ingredienti

- 150 g di fiocchi d'avena
- 50 g di mandorle tritate
- 50 g di noci tritate
- 100 g di cioccolato fondente (minimo 70% cacao)
- 3 cucchiai di miele
- 2 cucchiai di olio di cocco
- 1 cucchiaino di estratto di vaniglia
- Un pizzico di sale

Procedimento

1. Preriscaldare il forno a 180°C e foderare una teglia quadrata di circa 20 cm con carta da forno.
2. In una ciotola grande, mescolare i fiocchi d'avena, le mandorle tritate e le noci tritate.
3. In un pentolino a fuoco basso, sciogliere il cioccolato fondente insieme al miele e all'olio di cocco, mescolando fino a ottenere un composto liscio.
4. Aggiungere l'estratto di vaniglia e un pizzico di sale al composto di cioccolato fuso, mescolando bene.
5. Versare il composto di cioccolato sugli ingredienti secchi nella ciotola e mescolare fino a quando tutto è ben amalgamato.
6. Trasferire il composto nella teglia preparata, premendo bene con il dorso di un cucchiaio per compattare.
7. Cuocere in forno per 20 minuti, o fino a quando i bordi sono leggermente dorati.
8. Lasciare raffreddare completamente nella teglia prima di tagliare in 8 barrette.

Valore nutrizionale per porzione

Calorie: 250
Carboidrati: 30 g
Fibre: 4 g
Zuccheri: 12 g
Proteine: 5 g
Grassi saturi: 5 g
Grassi insaturi: 8 g

Consigli per varianti degli ingredienti

Puoi sostituire le mandorle e le noci con nocciole o pistacchi per un sapore diverso, oppure aggiungere un cucchiaio di semi di chia per un extra di fibre.

24. Frullato di Banana e Semi di Lino

☼ tempo di preparazione: 5 minuti

🍴 porzioni: 1

☆ grado di difficoltà: Facile

Ingredienti

- 1 banana matura
- 200 ml di latte di mandorla non zuccherato
- 1 cucchiaio di semi di lino
- 1 cucchiaino di miele (opzionale)
- 1/2 cucchiaino di cannella in polvere

Procedimento

1. Sbucciare la banana e tagliarla a rondelle.
2. Mettere le rondelle di banana nel frullatore.
3. Aggiungere il latte di mandorla, i semi di lino, il miele e la cannella nel frullatore.
4. Frullare il tutto fino a ottenere un composto liscio e omogeneo.
5. Versare il frullato in un bicchiere e servire immediatamente.

Consigli per varianti degli ingredienti

Puoi sostituire il latte di mandorla con latte di cocco per un sapore più esotico, oppure aggiungere un cucchiaio di burro di mandorle per una consistenza più cremosa.

25. Insalata di Rucola e Pere

☼ tempo di preparazione: 10 minuti

🍴 porzioni: 2

☆ grado di difficoltà: Facile

Ingredienti

- 100 g di rucola fresca
- 1 pera matura
- 30 g di noci
- 30 g di parmigiano a scaglie
- 2 cucchiai di olio

extravergine d'oliva
- 1 cucchiaio di aceto balsamico
- Sale q.b.
- Pepe nero macinato fresco q.b.

Procedimento

1. Lavare e asciugare bene la rucola, quindi disporla in una ciotola capiente.
2. Lavare la pera, tagliarla a metà, eliminare il torsolo e affettarla sottilmente.
3. Aggiungere le fette di pera alla rucola nella ciotola.
4. Tritare grossolanamente le noci e aggiungerle all'insalata.
5. Unire le scaglie di parmigiano alla ciotola.
6. In una piccola ciotola, emulsionare l'olio extravergine d'oliva con l'aceto balsamico, un pizzico di sale e pepe nero a piacere.
7. Versare il condimento sull'insalata e mescolare delicatamente per amalgamare tutti gli ingredienti.

Valore nutrizionale per porzione

Calorie: 250
Carboidrati: 15 g
Fibre: 4 g
Zuccheri: 8 g
Proteine: 6 g
Grassi saturi: 3 g
Grassi insaturi: 10 g

Consigli per varianti degli ingredienti

Puoi sostituire le noci con mandorle o pinoli per un sapore diverso, oppure aggiungere qualche chicco di melograno per un tocco di colore e dolcezza.

26. Pancake di Grano Saraceno

☼ tempo di preparazione: 10 minuti

🔥 tempo di cottura: 15 minuti

🍴 porzioni: 2

☆ grado di difficoltà: Facile

Ingredienti

- 100 g di farina di grano saraceno
- 1 uovo

- 150 ml di latte di mandorla non zuccherato
- 1 cucchiaio di olio di cocco
- 1 cucchiaino di lievito in polvere
- 1 pizzico di sale
- 1 cucchiaino di miele (opzionale)
- Frutta fresca a piacere per guarnire

Procedimento

1. In una ciotola, mescolare la farina di grano saraceno con il lievito in polvere e il pizzico di sale.
2. In un'altra ciotola, sbattere l'uovo e aggiungere il latte di mandorla e il miele, mescolando bene.
3. Unire gli ingredienti liquidi a quelli secchi, mescolando fino a ottenere un composto omogeneo.
4. Scaldare l'olio di cocco in una padella antiaderente a fuoco medio.
5. Versare un mestolo di pastella nella padella calda e cuocere il pancake per circa 2-3 minuti, finché non si formano delle bolle sulla superficie.
6. Girare il pancake e cuocere per altri 2 minuti fino a doratura.
7. Ripetere il processo con la pastella rimanente.
8. Servire i pancake caldi, guarniti con frutta fresca a piacere.

Valore nutrizionale per porzione

Calorie: 250
Carboidrati: 30 g
Fibre: 4 g
Zuccheri: 5 g
Proteine: 7 g
Grassi saturi: 3 g
Grassi insaturi: 5 g

Consigli per varianti degli ingredienti

Puoi sostituire il latte di mandorla con latte di avena per una variante diversa, oppure aggiungere un pizzico di cannella per un tocco speziato.

27. Yogurt di Soia con Frutta Fresca

⏱ tempo di preparazione: 5 minuti

🍴 porzioni: 1

☆ grado di difficoltà: Facile

Ingredienti

- 200 g di yogurt di soia naturale
- 1 cucchiaio di semi di chia
- 1 cucchiaino di miele (opzionale)
- 50 g di frutta fresca a scelta (es. fragole, mirtilli, kiwi)
- 1 cucchiaio di noci tritate

Procedimento

1. In una ciotola, versare lo yogurt di soia.
2. Aggiungere i semi di chia e mescolare bene.
3. Se desiderato, unire il miele e mescolare nuovamente.
4. Lavare e tagliare la frutta fresca a pezzetti.
5. Aggiungere la frutta sopra lo yogurt.
6. Cospargere con le noci tritate.

Valore nutrizionale per porzione

Calorie: 180
Carboidrati: 20 g
Fibre: 5 g
Zuccheri: 10 g
Proteine: 8 g
Grassi saturi: 0.5 g
Grassi insaturi: 3 g

Consigli per varianti degli ingredienti

Puoi sostituire le noci con mandorle o nocciole per un sapore diverso, oppure aggiungere un pizzico di cannella per un tocco speziato.

28. Smoothie di Ananas e Zenzero

⏱ tempo di preparazione: 5 minuti

🍴 porzioni: 1

☆ grado di difficoltà: Facile

Ingredienti

- 150 g di ananas fresco
- 1 cucchiaino di zenzero fresco grattugiato
- 200 ml di acqua di cocco
- 1 cucchiaio di semi di lino
- 1 cucchiaino di miele (opzionale)

- Ghiaccio a piacere

Procedimento

1. Tagliare l'ananas a cubetti.
2. Mettere l'ananas, lo zenzero grattugiato, l'acqua di cocco e i semi di lino nel frullatore.
3. Aggiungere il miele se desiderato.
4. Frullare fino a ottenere un composto omogeneo.
5. Aggiungere il ghiaccio e frullare nuovamente per qualche secondo.
6. Versare in un bicchiere e servire subito.

Consigli per varianti degli ingredienti

Puoi sostituire l'acqua di cocco con latte di mandorla per un sapore più cremoso, oppure aggiungere una manciata di spinaci per un tocco di verde.

29. Frittata di Spinaci e Feta

☼ tempo di preparazione: 10 minuti

🔥 tempo di cottura: 15 minuti

🍽 porzioni: 2

☆ grado di difficoltà: Facile

Ingredienti

- 4 uova
- 100 g di spinaci freschi
- 50 g di formaggio feta
- 1 cucchiaio di olio extravergine d'oliva
- Sale q.b.
- Pepe nero q.b.

Procedimento

1. Lavare accuratamente gli spinaci sotto acqua corrente e asciugarli con un panno pulito.
2. In una padella antiaderente, scaldare l'olio extravergine d'oliva a fuoco medio.
3. Aggiungere gli spinaci nella padella e cuocere per 2-3 minuti fino a quando saranno appassiti.
4. In una ciotola, sbattere le uova con una forchetta, aggiungendo un pizzico di sale e pepe.
5. Versare le uova sbattute nella padella sopra gli spinaci.
6. Sbriciolare la feta sopra il composto di uova

e spinaci.

7. Cuocere a fuoco medio-basso per circa 10 minuti, coprendo la padella con un coperchio, fino a quando la frittata sarà cotta e leggermente dorata sul fondo.

8. Con l'aiuto di una spatola, piegare la frittata a metà e servire calda.

Valore nutrizionale per porzione

Calorie: 250
Carboidrati: 3 g
Fibre: 1 g
Zuccheri: 1 g
Proteine: 15 g
Grassi saturi: 5 g
Grassi insaturi: 7 g

Consigli per varianti degli ingredienti

Puoi sostituire la feta con formaggio di capra per un sapore diverso, oppure aggiungere erbe aromatiche come prezzemolo o basilico per un tocco di freschezza.

30. Muffin di Zucca e Cannella

🕐 tempo di preparazione: 15 minuti

🔥 tempo di cottura: 25 minuti

🍴 porzioni: 12 muffin

☆ grado di difficoltà: Facile

Ingredienti

- 200 g di farina integrale
- 150 g di purea di zucca
- 100 g di zucchero di canna
- 2 uova
- 80 ml di olio di semi di girasole
- 1 cucchiaino di cannella in polvere
- 1 cucchiaino di lievito per dolci
- 1/2 cucchiaino di bicarbonato di sodio
- 1 pizzico di sale
- 50 g di noci tritate (opzionale)

Procedimento

1. Preriscaldare il forno a 180°C e preparare una teglia per muffin con pirottini di carta.

2. In una ciotola grande, mescolare la farina integrale, il lievito, il bicarbonato, la cannella e il sale.

3. In un'altra ciotola, sbattere le uova con lo zucchero di canna fino a ottenere un composto chiaro e spumoso.

4. Aggiungere l'olio di semi e la purea di zucca al composto di uova e zucchero, mescolando bene.

5. Unire gli ingredienti secchi a quelli umidi, mescolando delicatamente fino a ottenere un impasto omogeneo.

6. Se desiderato, incorporare le noci tritate.

7. Distribuire l'impasto nei pirottini, riempiendoli per circa 3/4.

8. Cuocere in forno per 25 minuti o fino a quando uno stuzzicadenti inserito al centro dei muffin esce pulito.

9. Lasciare raffreddare i muffin su una griglia prima di servire.

Valore nutrizionale per porzione

Calorie: 180
Carboidrati: 24 g
Fibre: 3 g
Zuccheri: 10 g
Proteine: 3 g
Grassi saturi: 1 g
Grassi insaturi: 5 g

Consigli per varianti degli ingredienti

Puoi sostituire la farina integrale con farina di avena per una consistenza diversa, oppure aggiungere un pizzico di noce moscata per un aroma più speziato.

31. Tè alla Curcuma e Pepe Nero

⏱ tempo di preparazione: 5 minuti

🍴 porzioni: 1 tazza

☆ grado di difficoltà: Facile

Ingredienti

- 250 ml di acqua
- 1 cucchiaino di curcuma in polvere
- 1/4 di cucchiaino di pepe nero macinato fresco
- 1 cucchiaino di miele (opzionale)
- 1 fetta di limone (opzionale)

Procedimento

1. Portare l'acqua a ebollizione in un pentolino.
2. Aggiungere la curcuma in polvere e il pepe nero all'acqua bollente.
3. Mescolare bene e lasciare sobbollire per 2-3 minuti.
4. Togliere dal fuoco e filtrare il tè in una tazza.
5. Aggiungere il miele e la fetta di limone, se desiderato, e mescolare bene prima di servire.

Consigli per varianti degli ingredienti

Puoi sostituire il miele con sciroppo d'acero per un sapore diverso, oppure aggiungere un pizzico di zenzero in polvere per un tocco speziato in più.

32. Barrette di Semi di Girasole e Miele

⏱ tempo di preparazione: 10 minuti

🔥 tempo di cottura: 15 minuti

🍽 porzioni: 12 barrette

☆ grado di difficoltà: Facile

Ingredienti

- 150 g di semi di girasole
- 100 g di miele
- 50 g di fiocchi d'avena
- 30 g di semi di chia
- 1 cucchiaino di estratto di vaniglia
- 1 pizzico di sale

Procedimento

1. Preriscaldare il forno a 180°C e foderare una teglia quadrata di circa 20 cm con carta da forno.
2. In una ciotola grande, mescolare i semi di girasole, i fiocchi d'avena e i semi di chia.
3. In un pentolino a fuoco basso, scaldare il miele con l'estratto di vaniglia e il pizzico di sale, mescolando fino a quando il miele diventa liquido e ben amalgamato.
4. Versare il miele caldo sugli ingredienti secchi e mescolare bene fino a quando tutto è ben combinato.
5. Trasferire il composto

nella teglia preparata e premere bene con il dorso di un cucchiaio per compattare il tutto.
6. Cuocere in forno per 15 minuti o fino a quando le barrette sono dorate.
7. Lasciare raffreddare completamente nella teglia prima di tagliare in 12 barrette.

Valore nutrizionale per porzione

Calorie: 120
Carboidrati: 15 g
Fibre: 3 g
Zuccheri: 8 g
Proteine: 3 g
Grassi saturi: 1 g
Grassi insaturi: 5 g

Consigli per varianti degli ingredienti

Puoi sostituire i semi di girasole con semi di zucca per un sapore diverso, oppure aggiungere un pizzico di cannella per un tocco speziato.

33. Crema di Ceci e Peperoni

⏱ tempo di preparazione: 10 minuti

🔥 tempo di cottura: 20 minuti

🍴 porzioni: 4

☆ grado di difficoltà: Facile

Ingredienti

- 400 g di ceci cotti
- 2 peperoni rossi
- 2 cucchiai di olio extravergine d'oliva
- 1 spicchio d'aglio
- 1 cucchiaino di cumino in polvere
- Succo di 1 limone
- Sale q.b.
- Pepe nero macinato fresco q.b.
- Prezzemolo fresco tritato per guarnire

Procedimento

1. Preriscaldare il forno a 200°C.
2. Lavare i peperoni, tagliarli a metà e rimuovere i semi e le membrane interne.
3. Disporre i peperoni su una teglia rivestita di carta da forno con la parte tagliata verso il basso.
4. Arrostire i peperoni in

forno per circa 15-20 minuti, finché la pelle non sarà leggermente bruciacchiata e i peperoni saranno teneri.

5. Rimuovere i peperoni dal forno e lasciarli raffreddare leggermente. Poi, pelare la pelle e tagliarli a pezzi.

6. In un frullatore, unire i ceci cotti, i peperoni arrostiti, l'olio d'oliva, l'aglio, il cumino, il succo di limone, il sale e il pepe.

7. Frullare fino a ottenere una crema liscia e omogenea. Se necessario, aggiungere un po' d'acqua per raggiungere la consistenza desiderata.

8. Assaggiare e regolare di sale e pepe secondo il gusto.

9. Trasferire la crema di ceci e peperoni in una ciotola da portata e guarnire con prezzemolo fresco tritato.

Valore nutrizionale per porzione

Calorie: 180
Carboidrati: 25 g
Fibre: 7 g
Zuccheri: 4 g
Proteine: 7 g
Grassi saturi: 1 g
Grassi insaturi: 5 g

Consigli per varianti degli ingredienti

Puoi sostituire i peperoni rossi con peperoni gialli per un sapore più dolce, oppure aggiungere un pizzico di paprika affumicata per un tocco affumicato.

34. Insalata di Lenticchie e Pomodorini

⏲ tempo di preparazione: 15 minuti

🍽 porzioni: 4

☆ grado di difficoltà: Facile

Ingredienti

- 200 g di lenticchie cotte
- 200 g di pomodorini ciliegia
- 1 cipolla rossa piccola
- 2 cucchiai di olio extravergine d'oliva
- Succo di 1 limone
- Sale q.b.
- Pepe nero macinato

fresco q.b.
- Basilico fresco per guarnire

Procedimento

1. Sciacquare le lenticchie cotte sotto acqua corrente fredda e scolarle bene.
2. Lavare i pomodorini e tagliarli a metà.
3. Sbucciare la cipolla rossa e affettarla finemente.
4. In una ciotola grande, unire le lenticchie, i pomodorini e la cipolla affettata.
5. In una piccola ciotola, mescolare l'olio extravergine d'oliva con il succo di limone, il sale e il pepe.
6. Versare il condimento sull'insalata e mescolare delicatamente per amalgamare bene gli ingredienti.
7. Guarnire con foglie di basilico fresco prima di servire.

Valore nutrizionale per porzione

Calorie: 180
Carboidrati: 25 g
Fibre: 8 g
Zuccheri: 4 g
Proteine: 9 g
Grassi saturi: 1 g
Grassi insaturi: 6 g

Consigli per varianti degli ingredienti

Puoi aggiungere cubetti di avocado per una consistenza cremosa o sostituire il basilico con prezzemolo per un sapore diverso.

35. Smoothie di Fragole e Basilico

⏱ tempo di preparazione: 5 minuti

🍽 porzioni: 2

☆ grado di difficoltà: Facile

Ingredienti

- 200 g di fragole fresche
- 10 foglie di basilico fresco
- 200 ml di latte di mandorla non zuccherato
- 1 cucchiaio di miele
- 1 cucchiaino di semi di chia
- Ghiaccio q.b.

Procedimento

1. Lavare accuratamente le fragole e rimuovere il picciolo.
2. Lavare le foglie di basilico e asciugarle delicatamente con un panno.
3. In un frullatore, unire le fragole, le foglie di basilico, il latte di mandorla, il miele e i semi di chia.
4. Aggiungere qualche cubetto di ghiaccio per una consistenza più fresca.
5. Frullare il tutto fino a ottenere una consistenza liscia e omogenea.
6. Versare lo smoothie in bicchieri e servire immediatamente.

Consigli per varianti degli ingredienti

Puoi sostituire il latte di mandorla con latte di cocco per un sapore più esotico o aggiungere una banana per una consistenza più cremosa.

36. Porridge di Miglio e Albicocche

⏲ tempo di preparazione: 10 minuti

🔥 tempo di cottura: 20 minuti

🍽 porzioni: 2

☆ grado di difficoltà: Facile

Ingredienti

- 100 g di miglio
- 500 ml di acqua
- 4 albicocche secche
- 1 cucchiaio di semi di lino
- 1 cucchiaio di miele
- 1 pizzico di cannella in polvere
- 1 pizzico di sale
- 2 cucchiai di mandorle a lamelle

Procedimento

1. Sciacquare il miglio sotto acqua corrente fredda per rimuovere eventuali impurità.
2. In una pentola, portare a ebollizione l'acqua con un pizzico di sale.
3. Aggiungere il miglio all'acqua bollente e cuocere a fuoco medio-

basso per circa 15-20 minuti, o fino a quando il miglio è morbido e ha assorbito tutta l'acqua.

4. Nel frattempo, tagliare le albicocche secche a pezzetti.

5. Una volta cotto il miglio, togliere la pentola dal fuoco e aggiungere le albicocche, i semi di lino, il miele e la cannella. Mescolare bene per amalgamare gli ingredienti.

6. Distribuire il porridge in due ciotole e guarnire con le mandorle a lamelle.

Valore nutrizionale per porzione

Calorie: 320
Carboidrati: 55 g
Fibre: 8 g
Zuccheri: 15 g
Proteine: 8 g
Grassi saturi: 0.5 g
Grassi insaturi: 4 g

Consigli per varianti degli ingredienti

Puoi sostituire le albicocche con fichi secchi per un sapore diverso o aggiungere una spolverata di cacao amaro per un tocco di cioccolato.

37. Frittelle di Carote e Zenzero

⏱ tempo di preparazione: 15 minuti

🔥 tempo di cottura: 10 minuti

🍴 porzioni: 4

☆ grado di difficoltà: Facile

Ingredienti

- 300 g di carote
- 1 pezzo di zenzero fresco (circa 2 cm)
- 2 uova
- 50 g di farina di ceci
- 1 cucchiaino di curcuma in polvere
- 1 pizzico di sale
- 2 cucchiai di olio extravergine d'oliva
- Pepe nero q.b.

Procedimento

1. Pelare le carote e grattugiarle finemente in una ciotola capiente.
2. Pelare lo zenzero e grattugiarlo insieme alle carote.

3. In una ciotola separata, sbattere le uova con un pizzico di sale e pepe.

4. Aggiungere la farina di ceci e la curcuma alle uova sbattute, mescolando bene per evitare grumi.

5. Unire il composto di uova e farina alle carote e zenzero grattugiati, mescolando fino a ottenere un impasto omogeneo.

6. Scaldare l'olio in una padella antiaderente a fuoco medio.

7. Versare cucchiaiate di impasto nella padella, appiattendole leggermente con il dorso del cucchiaio per formare delle frittelle.

8. Cuocere le frittelle per circa 3-4 minuti per lato, o fino a quando sono dorate e croccanti.

9. Scolare le frittelle su carta assorbente per eliminare l'olio in eccesso.

Valore nutrizionale per porzione

Calorie: 150
Carboidrati: 12 g
Fibre: 3 g
Zuccheri: 4 g
Proteine: 5 g
Grassi saturi: 1 g
Grassi insaturi: 5 g

Consigli per varianti degli ingredienti

Puoi sostituire la farina di ceci con farina di mandorle per un sapore più dolce o aggiungere un pizzico di peperoncino in polvere per un tocco piccante.

38. Tè alla Menta e Limone

⏲ tempo di preparazione: 5 minuti

🍴 porzioni: 1

☆ grado di difficoltà: Facile

Ingredienti

- 250 ml di acqua
- 1 bustina di tè verde
- 5 foglie di menta fresca
- 1 fetta di limone
- 1 cucchiaino di miele (opzionale)

Procedimento

1. Portare a ebollizione 250 ml di acqua in un pentolino.
2. Una volta che l'acqua bolle, spegnere il fuoco e aggiungere la bustina di tè verde.
3. Lasciare in infusione per 3 minuti.
4. Rimuovere la bustina di tè e aggiungere le foglie di menta fresca.
5. Lasciare in infusione per altri 2 minuti.
6. Versare il tè in una tazza e aggiungere una fetta di limone.
7. Dolcificare con un cucchiaino di miele, se desiderato.

Consigli per varianti degli ingredienti

Puoi sostituire il tè verde con tè bianco per un sapore più delicato o aggiungere una spolverata di zenzero in polvere per un tocco speziato.

39. Insalata di Cavolo Riccio e Mandorle

🕐 tempo di preparazione: 10 minuti

🍽 porzioni: 2

☆ grado di difficoltà: Facile

Ingredienti

- 150 g di cavolo riccio
- 50 g di mandorle a lamelle
- 1 mela verde
- 1 cucchiaio di succo di limone
- 2 cucchiai di olio extravergine d'oliva
- Sale q.b.
- Pepe nero q.b.

Procedimento

1. Lavare il cavolo riccio sotto acqua corrente e asciugarlo bene. Rimuovere le coste dure e tagliare le foglie a strisce sottili.
2. Tostare le mandorle a lamelle in una padella antiaderente a fuoco medio per 2-3 minuti, mescolando frequentemente, fino a quando sono dorate. Metterle da parte a raffreddare.
3. Lavare la mela verde, rimuovere il torsolo e

tagliarla a fettine sottili. Irrorare le fettine con il succo di limone per evitare che anneriscano.
4. In una ciotola capiente, unire il cavolo riccio, le mandorle tostate e le fettine di mela.
5. Condire l'insalata con olio extravergine d'oliva, sale e pepe a piacere. Mescolare bene per distribuire uniformemente il condimento.

Valore nutrizionale per porzione

Calorie: 250
Carboidrati: 15 g
Fibre: 5 g
Zuccheri: 8 g
Proteine: 6 g
Grassi saturi: 1 g
Grassi insaturi: 12 g

Consigli per varianti degli ingredienti

Puoi sostituire le mandorle con noci pecan per un sapore diverso o aggiungere un cucchiaio di semi di chia per un extra di fibre.

40. Crema di Nocciole e Cacao

⏲ tempo di preparazione: 10 minuti

🍴 porzioni: 1

☆ grado di difficoltà: Facile

Ingredienti

- 200 g di nocciole tostate
- 2 cucchiai di cacao amaro in polvere
- 2 cucchiai di olio di cocco
- 1 cucchiaio di sciroppo d'acero
- 1 pizzico di sale

Procedimento

1. Mettere le nocciole tostate in un frullatore e frullare fino a ottenere una consistenza cremosa. Potrebbe essere necessario fermare il frullatore e raschiare i lati con una spatola per assicurarsi che tutte le nocciole siano ben tritate.
2. Aggiungere il cacao amaro in polvere, l'olio di cocco, lo sciroppo d'acero e un pizzico di sale alle nocciole tritate.

3. Continuare a frullare fino a quando tutti gli ingredienti sono ben amalgamati e la crema ha una consistenza liscia e omogenea.

4. Trasferire la crema di nocciole e cacao in un barattolo di vetro pulito e conservarla in frigorifero.

Consigli per varianti degli ingredienti

Puoi sostituire l'olio di cocco con olio di nocciole per un sapore più intenso o aggiungere un cucchiaino di estratto di vaniglia per un tocco aromatico.

41. Barrette di Mandorle e Datteri

⏱ tempo di preparazione: 15 minuti

🍴 porzioni: 10 barrette

☆ grado di difficoltà: Facile

Ingredienti

- 200 g di mandorle
- 200 g di datteri denocciolati
- 2 cucchiai di semi di chia
- 1 cucchiaio di olio di cocco
- 1 pizzico di sale

Procedimento

1. Mettere le mandorle in un frullatore e tritarle fino a ottenere una consistenza granulosa.

2. Aggiungere i datteri denocciolati e continuare a frullare fino a quando il composto inizia a compattarsi.

3. Unire i semi di chia, l'olio di cocco e un pizzico di sale. Frullare nuovamente fino a ottenere un impasto omogeneo.

4. Trasferire il composto su un foglio di carta da forno e appiattirlo con le mani o con un mattarello fino a raggiungere uno spessore di circa 1 cm.

5. Tagliare l'impasto in 10 barrette rettangolari.

6. Conservare le barrette in frigorifero per almeno 30 minuti prima di servirle.

Consigli per varianti degli ingredienti

Puoi sostituire le mandorle con noci o anacardi per un sapore diverso o aggiungere un cucchiaio di cacao amaro in polvere per un tocco di cioccolato.

42. Frullato di Kiwi e Spinaci

🕐 tempo di preparazione: 5 minuti

🍽 porzioni: 1

☆ grado di difficoltà: Facile

Ingredienti

- 2 kiwi maturi
- 1 manciata di spinaci freschi
- 200 ml di acqua di cocco
- 1 cucchiaio di semi di lino
- 1 cucchiaino di miele (opzionale)

Procedimento

1. Sbucciare i kiwi e tagliarli a pezzi.
2. Lavare accuratamente gli spinaci sotto acqua corrente.
3. Mettere i kiwi, gli spinaci, l'acqua di cocco e i semi di lino in un frullatore.
4. Frullare fino a ottenere una consistenza liscia e omogenea.
5. Assaggiare e, se desiderato, aggiungere il miele per dolcificare.
6. Versare il frullato in un bicchiere e servire immediatamente.

Consigli per varianti degli ingredienti

Puoi sostituire l'acqua di cocco con latte di mandorla per un sapore più cremoso o aggiungere una banana per una consistenza più densa.

43. Insalata di Ceci e Avocado

🕐 tempo di preparazione: 10 minuti

🍽 porzioni: 2

☆ grado di difficoltà: Facile

Ingredienti

- 1 lattina di ceci (240 g

sgocciolati)
- 1 avocado maturo
- 1 pomodoro grande
- 1/2 cipolla rossa
- 1 limone
- 2 cucchiai di olio extravergine d'oliva
- Sale q.b.
- Pepe nero q.b.
- Prezzemolo fresco q.b.

Procedimento

1. Scolare e sciacquare i ceci sotto acqua corrente fredda. Metterli in una ciotola capiente.
2. Tagliare l'avocado a metà, rimuovere il nocciolo e sbucciarlo. Tagliare la polpa a cubetti e aggiungerla ai ceci.
3. Lavare il pomodoro e tagliarlo a cubetti. Aggiungerlo nella ciotola con i ceci e l'avocado.
4. Affettare finemente la cipolla rossa e unirla agli altri ingredienti.
5. Spremere il succo del limone e versarlo sull'insalata.
6. Aggiungere l'olio extravergine d'oliva, un pizzico di sale e pepe nero a piacere.
7. Mescolare delicatamente tutti gli ingredienti fino a quando sono ben combinati.
8. Tritare finemente il prezzemolo fresco e cospargerlo sull'insalata prima di servire.

Valore nutrizionale per porzione

Calorie: 350
Carboidrati: 30 g
Fibre: 12 g
Zuccheri: 3 g
Proteine: 9 g
Grassi saturi: 3 g
Grassi insaturi: 18 g

Consigli per varianti degli ingredienti

Puoi aggiungere dei semi di girasole per un tocco croccante o sostituire il prezzemolo con coriandolo per un sapore più esotico.

44. Pancake di Farina di Cocco

⏲ tempo di preparazione: 10 minuti

🍳 tempo di cottura: 10 minuti

🍽 porzioni: 2

☆ grado di difficoltà: Facile

Ingredienti

- 50 g di farina di cocco
- 2 uova
- 100 ml di latte di mandorla
- 1 cucchiaino di lievito in polvere
- 1 cucchiaio di olio di cocco
- 1 pizzico di sale
- 1 cucchiaino di miele (opzionale)

Procedimento

1. In una ciotola, sbattere le uova con il latte di mandorla fino a ottenere un composto omogeneo.
2. Aggiungere la farina di cocco, il lievito in polvere e il pizzico di sale. Mescolare bene fino a ottenere una pastella liscia.
3. Se desiderato, aggiungere il miele per dolcificare e mescolare nuovamente.
4. Scaldare l'olio di cocco in una padella antiaderente a fuoco medio.
5. Versare un mestolo di pastella nella padella calda e cuocere per circa 2-3 minuti, finché non si formano delle bolle sulla superficie.
6. Girare il pancake e cuocere per altri 2 minuti fino a doratura.
7. Ripetere il processo con la pastella rimanente.

Valore nutrizionale per porzione

Calorie: 250
Carboidrati: 10 g
Fibre: 5 g
Zuccheri: 3 g
Proteine: 8 g
Grassi saturi: 6 g
Grassi insaturi: 4 g

Consigli per varianti degli ingredienti

Puoi sostituire il latte di mandorla con latte di cocco per un sapore più ricco o aggiungere frutti di bosco freschi alla pastella per un tocco di dolcezza naturale.

45. Yogurt di Capra con Miele e Noci

⏱ tempo di preparazione: 5 minuti

🍴 porzioni: 1

☆ grado di difficoltà: Facile

Ingredienti

- 150 g di yogurt di capra
- 1 cucchiaio di miele
- 20 g di noci sgusciate
- 1 pizzico di cannella in polvere (opzionale)

Procedimento

1. Versare lo yogurt di capra in una ciotola.
2. Aggiungere il miele e mescolare delicatamente fino a quando è ben incorporato.
3. Tritare grossolanamente le noci e spargerle sopra lo yogurt.
4. Se desiderato, spolverare con un pizzico di cannella in polvere per un tocco di sapore in più.

Valore nutrizionale per porzione

Calorie: 250
Carboidrati: 20 g
Fibre: 2 g
Zuccheri: 15 g

Proteine: 8 g
Grassi saturi: 3 g
Grassi insaturi: 10 g

Consigli per varianti degli ingredienti

Puoi sostituire le noci con mandorle o nocciole per variare il gusto e la consistenza.

46. Smoothie di Pesca e Curcuma

⏱ tempo di preparazione: 5 minuti

🍴 porzioni: 1

☆ grado di difficoltà: Facile

Ingredienti

- 2 pesche mature
- 1 cucchiaino di curcuma in polvere
- 200 ml di latte di mandorla
- 1 cucchiaino di miele (opzionale)
- 4 cubetti di ghiaccio

Procedimento

1. Lavare accuratamente le pesche, sbucciarle e tagliarle a pezzi.
2. Mettere i pezzi di

pesca nel frullatore.

3. Aggiungere la curcuma in polvere e il latte di mandorla.

4. Se desiderato, aggiungere il miele per dolcificare.

5. Aggiungere i cubetti di ghiaccio.

6. Frullare il tutto fino a ottenere una consistenza liscia e cremosa.

7. Versare il smoothie in un bicchiere e servire immediatamente.

Consigli per varianti degli ingredienti

Puoi sostituire il latte di mandorla con latte di cocco per un sapore più esotico o aggiungere una banana per una consistenza più densa.

47. Frittata di Asparagi e Parmigiano

⏱ tempo di preparazione: 10 minuti

🔥 tempo di cottura: 15 minuti

🍴 porzioni: 2

☆ grado di difficoltà: Facile

Ingredienti

- 4 uova
- 200 g di asparagi
- 50 g di Parmigiano Reggiano grattugiato
- 1 cucchiaio di olio extravergine d'oliva
- Sale q.b.
- Pepe nero q.b.

Procedimento

1. Lavare gli asparagi e tagliare la parte finale più dura. Tagliare il resto a pezzetti di circa 2 cm.

2. In una padella antiaderente, scaldare l'olio extravergine d'oliva a fuoco medio.

3. Aggiungere gli asparagi e cuocere per circa 5 minuti, mescolando di tanto in tanto, finché non diventano teneri.

4. In una ciotola, sbattere le uova con una forchetta. Aggiungere il Parmigiano grattugiato, un pizzico di sale e pepe nero a piacere.

5. Versare il composto di uova nella padella con gli asparagi.

6. Cuocere a fuoco medio-basso per circa 10

minuti, coprendo con un coperchio, finché la frittata non si rapprende.

7. Girare la frittata con l'aiuto di un piatto e cuocere per altri 2-3 minuti dall'altro lato.

8. Servire calda o a temperatura ambiente.

Valore nutrizionale per porzione

Calorie: 250
Carboidrati: 5 g
Fibre: 2 g
Zuccheri: 2 g
Proteine: 18 g
Grassi saturi: 5 g
Grassi insaturi: 10 g

Consigli per varianti degli ingredienti

Puoi sostituire il Parmigiano con pecorino per un sapore più deciso o aggiungere erbe aromatiche come prezzemolo o basilico per un tocco di freschezza.

48. Muffin di Mirtilli e Limone

⏱ tempo di preparazione: 15 minuti

🕒 tempo di cottura: 20 minuti

🍴 porzioni: 12 muffin

☆ grado di difficoltà: Facile

Ingredienti

- 200 g di farina integrale
- 100 g di zucchero di canna
- 1 cucchiaino di lievito per dolci
- 1/2 cucchiaino di bicarbonato di sodio
- 1 pizzico di sale
- 1 uovo
- 250 ml di latte di mandorla
- 60 ml di olio di cocco, sciolto
- 1 cucchiaino di estratto di vaniglia
- 150 g di mirtilli freschi
- Scorza grattugiata di 1 limone

Procedimento

1. Preriscaldare il forno a 180°C e preparare una teglia per muffin con pirottini di carta.

2. In una ciotola grande, mescolare la farina integrale, lo zucchero di canna, il lievito, il bicarbonato e il sale.

3. In un'altra ciotola,

sbattere l'uovo con il latte di mandorla, l'olio di cocco sciolto e l'estratto di vaniglia.

4. Unire gli ingredienti liquidi a quelli secchi, mescolando delicatamente fino a ottenere un composto omogeneo.

5. Aggiungere i mirtilli e la scorza di limone, mescolando con cura per non rompere i mirtilli.

6. Riempire i pirottini per muffin fino a 3/4 della loro capacità con il composto.

7. Infornare per 20 minuti o fino a quando i muffin non risultano dorati e uno stuzzicadenti inserito al centro esce pulito.

8. Lasciare raffreddare i muffin nella teglia per 5 minuti, poi trasferirli su una griglia per farli raffreddare completamente.

Valore nutrizionale per porzione

Calorie: 150
Carboidrati: 22 g
Fibre: 3 g
Zuccheri: 10 g
Proteine: 3 g

Grassi saturi: 2 g
Grassi insaturi: 4 g

Consigli per varianti degli ingredienti

Puoi sostituire i mirtilli con lamponi o fragole per un sapore diverso. Se preferisci, usa latte di avena al posto del latte di mandorla.

49. Tè alla Camomilla e Zenzero

⏱ tempo di preparazione: 5 minuti

🍴 porzioni: 1

☆ grado di difficoltà: Facile

Ingredienti

- 1 bustina di tè alla camomilla
- 1 pezzetto di zenzero fresco (circa 2 cm)
- 250 ml di acqua
- 1 cucchiaino di miele (opzionale)
- 1 fetta di limone (opzionale)

Procedimento

1. Portare a ebollizione

250 ml di acqua in un pentolino.

2. Sbucciare lo zenzero e tagliarlo a fettine sottili.

3. Aggiungere le fettine di zenzero all'acqua bollente e lasciare in infusione per 5 minuti.

4. Rimuovere il pentolino dal fuoco e aggiungere la bustina di tè alla camomilla. Lasciare in infusione per altri 3-5 minuti, a seconda dell'intensità desiderata.

5. Rimuovere la bustina di tè e filtrare il liquido per eliminare le fettine di zenzero.

6. Aggiungere il miele e la fetta di limone, se desiderato, mescolando bene.

Consigli per varianti degli ingredienti

Puoi sostituire il miele con sciroppo d'agave per una dolcezza diversa o aggiungere una stecca di cannella durante l'infusione per un aroma speziato.

CAPITOLO 3: 50 RICETTE

ANTINFIAMMAT ORIE PRANZO E CENA

50. Zuppa di Lenticchie e Curcuma

🕐 tempo di preparazione: 15 minuti

🔥 tempo di cottura: 30 minuti

🍴 porzioni: 4

☆ grado di difficoltà: Facile

Ingredienti

- 200 g di lenticchie rosse
- 1 cipolla media
- 2 carote
- 2 gambi di sedano
- 2 spicchi d'aglio
- 1 cucchiaino di curcuma in polvere
- 1 cucchiaino di cumino in polvere
- 1 cucchiaino di zenzero fresco grattugiato
- 1 litro di brodo vegetale
- 2 cucchiai di olio extravergine d'oliva
- Sale q.b.
- Pepe nero q.b.
- Prezzemolo fresco tritato per guarnire

Procedimento

1. Sciacquare le lenticchie sotto acqua corrente fredda e scolarle bene.

2. Tritare finemente la cipolla, le carote e il sedano.

3. In una pentola capiente, scaldare l'olio extravergine d'oliva a fuoco medio. Aggiungere la cipolla, le carote, il sedano e l'aglio tritato. Soffriggere per circa 5 minuti, fino a quando le verdure sono morbide.

4. Aggiungere la curcuma, il cumino e lo zenzero grattugiato. Mescolare bene per amalgamare le spezie con le verdure.

5. Unire le lenticchie scolate e mescolare per un paio di minuti.

6. Versare il brodo vegetale nella pentola e portare a ebollizione. Ridurre il fuoco e lasciare sobbollire per circa 20-25 minuti, o fino a quando le lenticchie sono tenere.

7. Aggiustare di sale e pepe a piacere.

8. Servire la zuppa calda, guarnita con prezzemolo fresco tritato.

Valore nutrizionale per porzione

Calorie: 250
Carboidrati: 40 g
Fibre: 15 g
Zuccheri: 5 g
Proteine: 12 g
Grassi saturi: 1 g
Grassi insaturi: 5 g

Consigli per varianti degli ingredienti

Puoi aggiungere spinaci freschi negli ultimi 5 minuti di cottura per un tocco di verde. Se preferisci un sapore più piccante, aggiungi un pizzico di peperoncino in polvere.

51. Insalata di Pollo e Avocado

⏱ tempo di preparazione: 15 minuti

🍽 porzioni: 2

☆ grado di difficoltà: Facile

Ingredienti

- 200 g di petto di pollo

- 1 avocado maturo
- 100 g di insalata mista (rucola, spinaci, lattuga)
- 1 cetriolo
- 10 pomodorini ciliegia
- 1 cucchiaio di succo di limone
- 2 cucchiai di olio extravergine d'oliva
- Sale q.b.
- Pepe nero q.b.

Procedimento

1. Cuocere il petto di pollo su una griglia o in una padella antiaderente per circa 5-7 minuti per lato, fino a quando è ben cotto. Lasciar raffreddare leggermente e tagliare a strisce sottili.
2. Tagliare l'avocado a metà, rimuovere il nocciolo e la buccia, quindi tagliarlo a fette.
3. Lavare e asciugare l'insalata mista. Metterla in una ciotola capiente.
4. Tagliare il cetriolo a rondelle sottili e i pomodorini a metà. Aggiungerli all'insalata.
5. Aggiungere le strisce di pollo e le fette di avocado all'insalata.
6. In una piccola ciotola, mescolare il succo di limone con l'olio extravergine d'oliva, sale e pepe. Versare il condimento sull'insalata e mescolare delicatamente per amalgamare gli ingredienti.

Valore nutrizionale per porzione

Calorie: 350
Carboidrati: 15 g
Fibre: 8 g
Zuccheri: 5 g
Proteine: 30 g
Grassi saturi: 3 g
Grassi insaturi: 20 g

Consigli per varianti degli ingredienti

Puoi aggiungere semi di chia o di lino per un extra di fibre e omega-3. Se preferisci un sapore più agrumato, sostituisci il succo di limone con succo di lime.

52. Risotto Integrale con Funghi e Zafferano

⏱ tempo di preparazione: 15 minuti

⏱ tempo di cottura: 40 minuti

🍴 porzioni: 4

☆ grado di difficoltà: Media

Ingredienti

- 300 g di riso integrale
- 250 g di funghi champignon
- 1 cipolla piccola
- 1 spicchio d'aglio
- 1 bustina di zafferano
- 1 litro di brodo vegetale
- 3 cucchiai di olio extravergine d'oliva
- Sale q.b.
- Pepe nero q.b.
- Prezzemolo fresco tritato per guarnire

Procedimento

1. Sciacquare il riso integrale sotto acqua corrente fredda e scolarlo bene.
2. Pulire i funghi con un panno umido e tagliarli a fette sottili.
3. Tritare finemente la cipolla e l'aglio.
4. In una padella capiente, scaldare 2 cucchiai di olio extravergine d'oliva a fuoco medio. Aggiungere la cipolla e l'aglio tritati e soffriggere per circa 5 minuti, fino a quando sono morbidi.
5. Aggiungere i funghi e cuocere per altri 5 minuti, mescolando di tanto in tanto.
6. Unire il riso integrale e mescolare bene per farlo tostare leggermente.
7. Sciogliere lo zafferano in un mestolo di brodo caldo e aggiungerlo al riso.
8. Versare il brodo vegetale poco alla volta, mescolando frequentemente, e lasciare cuocere il riso per circa 30 minuti, o fino a quando è al dente.
9. Aggiustare di sale e pepe a piacere.
10. Spegnere il fuoco e aggiungere un cucchiaio di olio extravergine d'oliva. Mescolare bene e lasciare riposare per un paio di minuti.
11. Servire il risotto caldo, guarnito con prezzemolo fresco tritato.

Valore nutrizionale per porzione

Calorie: 350

Carboidrati: 60 g
Fibre: 8 g
Zuccheri: 3 g
Proteine: 8 g
Grassi saturi: 1 g
Grassi insaturi: 7 g

Consigli per varianti degli ingredienti

Puoi sostituire i funghi champignon con porcini per un sapore più intenso. Aggiungi un pizzico di peperoncino per un tocco piccante.

53. Polpette di Tacchino e Zucchine

⏱ tempo di preparazione: 20 minuti

🔥 tempo di cottura: 25 minuti

🍴 porzioni: 4

☆ grado di difficoltà: Facile

Ingredienti

- 400 g di carne macinata di tacchino
- 2 zucchine medie
- 1 uovo
- 50 g di pangrattato integrale
- 2 cucchiai di olio

extravergine d'oliva
- 1 spicchio d'aglio
- Sale q.b.
- Pepe nero q.b.
- Prezzemolo fresco tritato q.b.

Procedimento

1. Grattugiare le zucchine con una grattugia a fori larghi e strizzarle bene per eliminare l'acqua in eccesso.
2. In una ciotola capiente, unire la carne macinata di tacchino, le zucchine grattugiate, l'uovo, il pangrattato, l'aglio tritato finemente, il sale, il pepe e il prezzemolo tritato.
3. Mescolare bene tutti gli ingredienti fino a ottenere un composto omogeneo.
4. Con le mani leggermente umide, formare delle polpette di dimensioni uniformi.
5. Scaldare l'olio extravergine d'oliva in una padella antiaderente a fuoco medio.
6. Aggiungere le polpette e cuocerle per circa 10-12 minuti, girandole di tanto in tanto, fino a quando sono dorate e

ben cotte all'interno.
7. Scolare le polpette su carta assorbente per eliminare l'olio in eccesso.

Valore nutrizionale per porzione

Calorie: 280
Carboidrati: 10 g
Fibre: 2 g
Zuccheri: 2 g
Proteine: 30 g
Grassi saturi: 2 g
Grassi insaturi: 10 g

Consigli per varianti degli ingredienti

Puoi sostituire il pangrattato integrale con farina di mandorle per una versione senza glutine. Aggiungi un pizzico di peperoncino per un tocco piccante.

54. Couscous di Verdure e Ceci

⏲ tempo di preparazione: 20 minuti

🔥 tempo di cottura: 15 minuti

🍽 porzioni: 4

☆ grado di difficoltà: Facile

Ingredienti

- 200 g di couscous integrale
- 400 ml di brodo vegetale
- 1 zucchina media
- 1 peperone rosso
- 1 carota
- 200 g di ceci cotti
- 2 cucchiai di olio extravergine d'oliva
- 1 cucchiaino di curcuma
- Sale q.b.
- Pepe nero q.b.
- Prezzemolo fresco tritato q.b.

Procedimento

1. Portare a ebollizione il brodo vegetale in una pentola.
2. Versare il couscous in una ciotola capiente e aggiungere il brodo bollente. Coprire con un coperchio e lasciare riposare per 5 minuti.
3. Nel frattempo, lavare e tagliare la zucchina, il peperone e la carota a dadini.
4. In una padella, scaldare l'olio extravergine d'oliva a fuoco medio. Aggiungere le verdure tagliate e

cuocere per circa 8 minuti, mescolando di tanto in tanto, fino a quando sono tenere.
5. Aggiungere i ceci cotti alle verdure e mescolare bene. Insaporire con curcuma, sale e pepe.
6. Sgranare il couscous con una forchetta e unirlo alle verdure e ceci nella padella. Mescolare bene per amalgamare tutti gli ingredienti.
7. Cuocere per altri 2 minuti, mescolando continuamente.
8. Servire caldo, guarnito con prezzemolo fresco tritato.

Valore nutrizionale per porzione

Calorie: 320
Carboidrati: 55 g
Fibre: 10 g
Zuccheri: 5 g
Proteine: 10 g
Grassi saturi: 1 g
Grassi insaturi: 8 g

Consigli per varianti degli ingredienti

Puoi sostituire il peperone rosso con peperone giallo per un sapore più dolce. Aggiungi un pizzico di peperoncino per un tocco piccante.

55. Insalata di Orzo e Pomodori Secchi

⏱ tempo di preparazione: 15 minuti

🔥 tempo di cottura: 20 minuti

🍴 porzioni: 4

☆ grado di difficoltà: Facile

Ingredienti

- 200 g di orzo perlato
- 100 g di pomodori secchi sott'olio
- 1 cetriolo
- 1 cipolla rossa piccola
- 50 g di rucola
- 2 cucchiai di olio extravergine d'oliva
- Succo di 1 limone
- Sale q.b.
- Pepe nero q.b.

Procedimento

1. Sciacquare l'orzo sotto acqua corrente fredda.
2. Cuocere l'orzo in abbondante acqua salata

per circa 20 minuti o fino a quando è tenero. Scolare e lasciare raffreddare.

3. Tagliare i pomodori secchi a striscioline sottili.

4. Pelare e tagliare il cetriolo a dadini.

5. Affettare finemente la cipolla rossa.

6. In una ciotola capiente, unire l'orzo cotto, i pomodori secchi, il cetriolo, la cipolla e la rucola.

7. Condire con olio extravergine d'oliva, succo di limone, sale e pepe.

8. Mescolare bene per amalgamare tutti gli ingredienti.

Valore nutrizionale per porzione

Calorie: 250
Carboidrati: 40 g
Fibre: 8 g
Zuccheri: 5 g
Proteine: 6 g
Grassi saturi: 1 g
Grassi insaturi: 7 g

Consigli per varianti degli ingredienti

Puoi aggiungere olive nere per un sapore più deciso. Sostituisci la rucola con spinaci freschi per una variante più delicata.

56. Zuppa di Verdure e Zenzero

⏲ tempo di preparazione: 15 minuti

🍳 tempo di cottura: 30 minuti

🍴 porzioni: 4

☆ grado di difficoltà: Facile

Ingredienti

- 2 cucchiai di olio extravergine d'oliva
- 1 cipolla media
- 2 spicchi d'aglio
- 1 carota
- 1 zucchina
- 1 peperone giallo
- 1 patata dolce media
- 1 cucchiaio di zenzero fresco grattugiato
- 1 litro di brodo vegetale
- 200 g di cavolo nero
- Sale q.b.
- Pepe nero q.b.
- Succhio di 1 limone

Procedimento

1. Tritare finemente la

cipolla e l'aglio.

2. Tagliare la carota, la zucchina, il peperone e la patata dolce a dadini.

3. In una pentola capiente, scaldare l'olio extravergine d'oliva a fuoco medio.

4. Aggiungere la cipolla e l'aglio e soffriggere per 3 minuti fino a quando sono morbidi.

5. Unire la carota, la zucchina, il peperone e la patata dolce. Cuocere per 5 minuti, mescolando di tanto in tanto.

6. Aggiungere lo zenzero grattugiato e mescolare bene.

7. Versare il brodo vegetale nella pentola e portare a ebollizione.

8. Ridurre il fuoco e lasciare sobbollire per 20 minuti.

9. Aggiungere il cavolo nero tagliato a strisce e cuocere per altri 5 minuti.

10. Insaporire con sale, pepe e succo di limone.

Valore nutrizionale per porzione

Calorie: 180
Carboidrati: 30 g
Fibre: 8 g
Zuccheri: 10 g
Proteine: 4 g
Grassi saturi: 0,5 g
Grassi insaturi: 5 g

Consigli per varianti degli ingredienti

Puoi sostituire il cavolo nero con spinaci freschi per un sapore più delicato. Aggiungi un pizzico di peperoncino per un tocco piccante.

57. Pollo al Curry con Riso Integrale

⏱ tempo di preparazione: 20 minuti

🍲 tempo di cottura: 30 minuti

🍴 porzioni: 4

☆ grado di difficoltà: Facile

Ingredienti

- 300 g di petto di pollo
- 200 g di riso integrale
- 1 cipolla media
- 2 spicchi d'aglio
- 1 cucchiaio di curry in polvere
- 400 ml di latte di cocco
- 2 cucchiai di olio extravergine d'oliva

- Sale q.b.
- Pepe nero q.b.
- Prezzemolo fresco tritato per guarnire

Procedimento

1. Sciacquare il riso integrale sotto acqua corrente fredda. Cuocere il riso in abbondante acqua salata per circa 25 minuti o fino a quando è tenero. Scolare e tenere da parte.
2. Tagliare il petto di pollo a cubetti di circa 2 cm.
3. Tritare finemente la cipolla e l'aglio.
4. In una padella capiente, scaldare l'olio extravergine d'oliva a fuoco medio.
5. Aggiungere la cipolla e l'aglio e soffriggere per 3 minuti fino a quando sono morbidi.
6. Unire i cubetti di pollo e cuocere per 5 minuti, mescolando di tanto in tanto, fino a quando il pollo è dorato.
7. Aggiungere il curry in polvere e mescolare bene per ricoprire il pollo uniformemente.
8. Versare il latte di cocco nella padella, mescolare e portare a ebollizione.
9. Ridurre il fuoco e lasciare sobbollire per 10 minuti, fino a quando la salsa si addensa leggermente.
10. Insaporire con sale e pepe a piacere.
11. Servire il pollo al curry caldo accompagnato dal riso integrale, guarnito con prezzemolo fresco tritato.

Valore nutrizionale per porzione

Calorie: 450
Carboidrati: 50 g
Fibre: 5 g
Zuccheri: 3 g
Proteine: 30 g
Grassi saturi: 8 g
Grassi insaturi: 10 g

Consigli per varianti degli ingredienti

Puoi sostituire il latte di cocco con yogurt greco per una versione più leggera. Aggiungi peperoncino fresco tritato per un tocco piccante.

58. Insalata di Fagioli Neri e Mais

⏲ tempo di preparazione: 15 minuti

🍴 porzioni: 4

☆ grado di difficoltà: Facile

Ingredienti

- 400 g di fagioli neri in scatola, scolati e sciacquati
- 200 g di mais dolce in scatola, scolato
- 1 peperone rosso, tagliato a dadini
- 1 cipolla rossa piccola, tritata finemente
- 1 avocado maturo, tagliato a cubetti
- 2 cucchiai di olio extravergine d'oliva
- Succo di 1 lime
- Sale q.b.
- Pepe nero q.b.
- Coriandolo fresco tritato per guarnire

Procedimento

1. In una ciotola grande, unire i fagioli neri, il mais, il peperone rosso e la cipolla rossa.
2. Aggiungere l'avocado a cubetti nella ciotola con gli altri ingredienti.
3. In una piccola ciotola, mescolare l'olio extravergine d'oliva con il succo di lime, il sale e il pepe.
4. Versare il condimento sugli ingredienti nella ciotola grande e mescolare delicatamente per amalgamare il tutto.
5. Guarnire con coriandolo fresco tritato prima di servire.

Valore nutrizionale per porzione

Calorie: 250
Carboidrati: 35 g
Fibre: 10 g
Zuccheri: 5 g
Proteine: 8 g
Grassi saturi: 2 g
Grassi insaturi: 10 g

Consigli per varianti degli ingredienti

Puoi sostituire il coriandolo con prezzemolo se preferisci un sapore meno intenso. Aggiungi peperoncino fresco tritato per un tocco piccante.

59. Quinoa con Verdure al Forno

🕐 tempo di preparazione: 15 minuti

🔥 tempo di cottura: 30 minuti

🍴 porzioni: 4

☆ grado di difficoltà: Facile

Ingredienti

- 200 g di quinoa
- 1 zucchina media
- 1 peperone giallo
- 1 melanzana piccola
- 1 cipolla rossa
- 2 cucchiai di olio extravergine d'oliva
- Sale q.b.
- Pepe nero q.b.
- 1 cucchiaino di origano secco
- 1 cucchiaino di timo secco
- Succo di 1/2 limone

Procedimento

1. Sciacquare la quinoa sotto acqua corrente fredda. Cuocere la quinoa in 400 ml di acqua salata per circa 15 minuti o fino a quando l'acqua è assorbita. Sgranare con una forchetta e tenere da parte.
2. Preriscaldare il forno a 200°C.
3. Tagliare la zucchina, il peperone e la melanzana a cubetti di circa 2 cm. Affettare la cipolla rossa a rondelle sottili.
4. In una ciotola grande, unire le verdure tagliate. Condire con olio extravergine d'oliva, sale, pepe, origano e timo. Mescolare bene per ricoprire uniformemente le verdure.
5. Disporre le verdure su una teglia rivestita di carta forno in un unico strato.
6. Cuocere in forno per 20 minuti, mescolando a metà cottura, fino a quando le verdure sono tenere e leggermente dorate.
7. In una ciotola grande, unire la quinoa cotta con le verdure al forno. Aggiungere il succo di limone e mescolare delicatamente.

Valore nutrizionale per porzione

Calorie: 320

Carboidrati: 45 g
Fibre: 8 g
Zuccheri: 6 g
Proteine: 10 g
Grassi saturi: 1 g
Grassi insaturi: 9 g

Consigli per varianti degli ingredienti

Puoi aggiungere pomodorini ciliegia tagliati a metà per un tocco di dolcezza. Sostituisci l'origano con basilico fresco per un sapore più estivo.

60. Zuppa di Carote e Zenzero

🕐 tempo di preparazione: 10 minuti

🔥 tempo di cottura: 25 minuti

🍽 porzioni: 4

☆ grado di difficoltà: Facile

Ingredienti

- 500 g di carote, pelate e tagliate a rondelle
- 1 cipolla media, tritata
- 2 spicchi d'aglio, tritati
- 1 cucchiaio di zenzero fresco grattugiato
- 1 litro di brodo vegetale
- 2 cucchiai di olio extravergine d'oliva
- Sale q.b.
- Pepe nero q.b.
- Prezzemolo fresco tritato per guarnire

Procedimento

1. In una pentola grande, scaldare l'olio extravergine d'oliva a fuoco medio.
2. Aggiungere la cipolla tritata e l'aglio, e soffriggere per 3-4 minuti fino a quando la cipolla diventa trasparente.
3. Unire le carote e lo zenzero grattugiato, mescolando bene per amalgamare i sapori.
4. Versare il brodo vegetale nella pentola e portare a ebollizione.
5. Ridurre il fuoco e lasciare sobbollire per 20 minuti, o fino a quando le carote sono tenere.
6. Utilizzare un frullatore a immersione per frullare la zuppa fino a ottenere una consistenza liscia e cremosa.
7. Aggiustare di sale e pepe a piacere.
8. Servire la zuppa calda,

guarnita con prezzemolo fresco tritato.

Calorie: 150
Carboidrati: 25 g
Fibre: 6 g
Zuccheri: 10 g
Proteine: 2 g
Grassi saturi: 0 g
Grassi insaturi: 5 g

Consigli per varianti degli ingredienti

Puoi aggiungere un pizzico di curcuma per un ulteriore effetto antinfiammatorio.
Sostituisci il prezzemolo con coriandolo fresco per un sapore diverso.

61. Insalata di Pollo e Mandorle

🕐 tempo di preparazione: 20 minuti

🔥 tempo di cottura: 15 minuti

🍽 porzioni: 4

☆ grado di difficoltà: Facile

Ingredienti

- 400 g di petto di pollo
- 100 g di mandorle a lamelle
- 150 g di rucola
- 1 cetriolo
- 1 peperone rosso
- 2 cucchiai di olio extravergine d'oliva
- Succo di 1 limone
- Sale q.b.
- Pepe nero q.b.

Procedimento

1. Tagliare il petto di pollo a strisce sottili.
2. In una padella antiaderente, scaldare 1 cucchiaio di olio extravergine d'oliva a fuoco medio.
3. Aggiungere il pollo e cuocere per circa 10 minuti, mescolando di tanto in tanto, fino a quando è ben cotto.
4. Tostare le mandorle a lamelle in una padella asciutta a fuoco medio per 3-4 minuti, mescolando frequentemente, fino a quando sono dorate.
5. Lavare e asciugare la rucola.
6. Tagliare il cetriolo a rondelle sottili e il

peperone rosso a strisce.

7. In una ciotola grande, unire la rucola, il cetriolo, il peperone e il pollo cotto.

8. Condire con il succo di limone, 1 cucchiaio di olio extravergine d'oliva, sale e pepe.

9. Mescolare bene per amalgamare gli ingredienti.

10. Distribuire le mandorle tostate sopra l'insalata prima di servire.

Valore nutrizionale per porzione

Calorie: 350
Carboidrati: 10 g
Fibre: 4 g
Zuccheri: 3 g
Proteine: 30 g
Grassi saturi: 2 g
Grassi insaturi: 15 g

Consigli per varianti degli ingredienti

Puoi sostituire la rucola con spinaci freschi per un sapore più delicato. Aggiungi un avocado a fette per una consistenza cremosa e un ulteriore apporto di grassi sani.

62. Risotto di Quinoa e Asparagi

⏱ tempo di preparazione: 15 minuti

🕒 tempo di cottura: 25 minuti

🍴 porzioni: 4

☆ grado di difficoltà: Facile

Ingredienti

- 200 g di quinoa
- 500 ml di brodo vegetale
- 300 g di asparagi
- 1 cipolla piccola, tritata
- 2 cucchiai di olio extravergine d'oliva
- 50 g di parmigiano grattugiato
- Sale q.b.
- Pepe nero q.b.
- Scorza di limone grattugiata per guarnire

Procedimento

1. Sciacquare la quinoa sotto acqua corrente fredda per eliminare eventuali residui di saponina.

2. In una pentola, scaldare 1 cucchiaio di olio extravergine d'oliva a fuoco medio e

aggiungere la cipolla tritata. Soffriggere per 3-4 minuti fino a quando la cipolla diventa trasparente.

3. Aggiungere la quinoa alla pentola e tostare per 2 minuti, mescolando continuamente.

4. Versare il brodo vegetale caldo nella pentola con la quinoa. Portare a ebollizione, quindi ridurre il fuoco e coprire. Cuocere per 15 minuti o fino a quando la quinoa è cotta e ha assorbito il liquido.

5. Nel frattempo, tagliare gli asparagi a pezzi di circa 3 cm, eliminando la parte finale più dura.

6. In una padella separata, scaldare 1 cucchiaio di olio extravergine d'oliva a fuoco medio e aggiungere gli asparagi. Cuocere per 5-7 minuti fino a quando sono teneri ma ancora croccanti.

7. Unire gli asparagi cotti alla quinoa e mescolare bene.

8. Aggiungere il parmigiano grattugiato, sale e pepe a piacere, mescolando fino a quando il formaggio si è sciolto.

9. Servire il risotto di quinoa e asparagi caldo, guarnito con scorza di limone grattugiata.

Valore nutrizionale per porzione

Calorie: 320
Carboidrati: 45 g
Fibre: 6 g
Zuccheri: 3 g
Proteine: 12 g
Grassi saturi: 2 g
Grassi insaturi: 8 g

Consigli per varianti degli ingredienti

Puoi sostituire il parmigiano con lievito alimentare per una versione vegana. Aggiungi un pizzico di curcuma per un ulteriore effetto antinfiammatorio.

63. Polpette di Lenticchie e Spinaci

⏱ tempo di preparazione: 20 minuti

🍳 tempo di cottura: 30 minuti

porzioni: 4

grado di difficoltà: Facile

Ingredienti

- 200 g di lenticchie rosse
- 100 g di spinaci freschi
- 1 cipolla piccola, tritata
- 2 spicchi d'aglio, tritati
- 50 g di pangrattato integrale
- 1 uovo
- 2 cucchiai di olio extravergine d'oliva
- 1 cucchiaino di cumino in polvere
- Sale q.b.
- Pepe nero q.b.

Procedimento

1. Sciacquare le lenticchie sotto acqua corrente fredda e cuocerle in una pentola con acqua leggermente salata per circa 15 minuti, o fino a quando sono tenere. Scolare e lasciare raffreddare.

2. In una padella, scaldare 1 cucchiaio di olio extravergine d'oliva a fuoco medio. Aggiungere la cipolla e l'aglio tritati e soffriggere per 3-4 minuti fino a quando sono morbidi.

3. Aggiungere gli spinaci alla padella e cuocere per altri 2-3 minuti fino a quando sono appassiti. Togliere dal fuoco e lasciare raffreddare leggermente.

4. In una ciotola grande, unire le lenticchie cotte, il mix di cipolla e spinaci, il pangrattato, l'uovo, il cumino, il sale e il pepe. Mescolare bene fino a ottenere un composto omogeneo.

5. Con le mani leggermente umide, formare delle polpette di dimensioni uniformi.

6. Scaldare il restante cucchiaio di olio extravergine d'oliva in una padella antiaderente a fuoco medio. Cuocere le polpette per 5-7 minuti su ciascun lato, fino a quando sono dorate e croccanti.

Valore nutrizionale per porzione

Calorie: 250
Carboidrati: 30 g
Fibre: 8 g
Zuccheri: 2 g

Proteine: 12 g
Grassi saturi: 1 g
Grassi insaturi: 7 g

Consigli per varianti degli ingredienti

Puoi sostituire il cumino con curcuma per un sapore diverso e un ulteriore effetto antinfiammatorio.
Aggiungi un po' di peperoncino in polvere per un tocco piccante.

64. Couscous Integrale con Verdure

⏱ tempo di preparazione: 15 minuti

🔥 tempo di cottura: 20 minuti

🍴 porzioni: 4

☆ grado di difficoltà: Facile

Ingredienti

- 250 g di couscous integrale
- 400 ml di brodo vegetale
- 1 zucchina media, tagliata a dadini
- 1 peperone rosso, tagliato a dadini
- 1 carota, tagliata a dadini
- 1 cipolla piccola, tritata
- 2 cucchiai di olio extravergine d'oliva
- 1 cucchiaino di curcuma
- Sale q.b.
- Pepe nero q.b.
- Prezzemolo fresco tritato per guarnire

Procedimento

1. In una pentola, portare a ebollizione il brodo vegetale.
2. In una padella grande, scaldare 1 cucchiaio di olio extravergine d'oliva a fuoco medio. Aggiungere la cipolla tritata e soffriggere per 3-4 minuti fino a quando diventa trasparente.
3. Aggiungere la zucchina, il peperone e la carota alla padella. Cuocere per 5-7 minuti, mescolando di tanto in tanto, fino a quando le verdure sono tenere.
4. Aggiungere la curcuma, il sale e il pepe alle verdure, mescolando bene per amalgamare i sapori.
5. In una ciotola grande,

versare il couscous integrale e coprire con il brodo vegetale caldo. Coprire la ciotola con un coperchio o un piatto e lasciare riposare per 5 minuti.

6. Sgranare il couscous con una forchetta e aggiungere le verdure cotte. Mescolare bene per distribuire uniformemente gli ingredienti.

7. Aggiungere il restante cucchiaio di olio extravergine d'oliva e mescolare nuovamente.

8. Servire il couscous caldo, guarnito con prezzemolo fresco tritato.

Valore nutrizionale per porzione

Calorie: 320
Carboidrati: 55 g
Fibre: 8 g
Zuccheri: 5 g
Proteine: 8 g
Grassi saturi: 1 g
Grassi insaturi: 7 g

Consigli per varianti degli ingredienti

Puoi aggiungere ceci cotti per aumentare il contenuto proteico. Sostituisci la curcuma con zenzero fresco grattugiato per un sapore diverso e un ulteriore effetto antinfiammatorio.

65. Insalata di Ceci e Pomodori

🕐 tempo di preparazione: 15 minuti

🍴 porzioni: 4

☆ grado di difficoltà: Facile

Ingredienti

- 400 g di ceci cotti
- 250 g di pomodori ciliegini
- 1 cipolla rossa piccola
- 1 cetriolo
- 50 g di olive nere denocciolate
- 2 cucchiai di olio extravergine d'oliva
- 1 cucchiaio di aceto di mele
- Sale q.b.
- Pepe nero q.b.
- Prezzemolo fresco tritato per guarnire

Procedimento

1. Sciacquare i ceci sotto acqua corrente fredda e scolarli bene.
2. Tagliare i pomodori ciliegini a metà.
3. Affettare finemente la cipolla rossa.
4. Pelare il cetriolo e tagliarlo a dadini.
5. In una ciotola grande, unire i ceci, i pomodori, la cipolla, il cetriolo e le olive.
6. In una ciotolina, mescolare l'olio extravergine d'oliva, l'aceto di mele, il sale e il pepe.
7. Versare il condimento sull'insalata e mescolare bene per amalgamare gli ingredienti.
8. Guarnire con prezzemolo fresco tritato prima di servire.

Valore nutrizionale per porzione

Calorie: 220
Carboidrati: 30 g
Fibre: 8 g
Zuccheri: 5 g
Proteine: 8 g
Grassi saturi: 1 g
Grassi insaturi: 7 g

Consigli per varianti degli ingredienti

Puoi aggiungere cubetti di avocado per un tocco cremoso e un ulteriore apporto di grassi sani. Sostituisci l'aceto di mele con succo di limone per un sapore più fresco.

66. Zuppa di Broccoli e Curcuma

⏱ tempo di preparazione: 10 minuti

🔥 tempo di cottura: 25 minuti

🍴 porzioni: 4

☆ grado di difficoltà: Facile

Ingredienti

- 500 g di broccoli
- 1 cipolla media
- 2 spicchi d'aglio
- 1 cucchiaio di olio extravergine d'oliva
- 1 cucchiaino di curcuma in polvere
- 1 litro di brodo vegetale
- Sale q.b.
- Pepe nero q.b.
- Succo di mezzo limone
- Prezzemolo fresco tritato per guarnire

Procedimento

1. Lavare i broccoli e tagliarli a pezzi piccoli, eliminando il gambo più duro.
2. Tritare finemente la cipolla e l'aglio.
3. In una pentola grande, scaldare l'olio extravergine d'oliva a fuoco medio. Aggiungere la cipolla e l'aglio tritati e soffriggere per 3-4 minuti fino a quando la cipolla diventa trasparente.
4. Aggiungere i broccoli alla pentola e mescolare bene per amalgamare con la cipolla e l'aglio.
5. Aggiungere la curcuma e mescolare nuovamente per distribuire uniformemente la spezia.
6. Versare il brodo vegetale nella pentola e portare a ebollizione. Ridurre il fuoco e lasciare sobbollire per 15-20 minuti, fino a quando i broccoli sono teneri.
7. Utilizzare un frullatore a immersione per frullare la zuppa fino a ottenere una consistenza liscia e cremosa.
8. Aggiustare di sale e pepe a piacere. Aggiungere il succo di limone e mescolare bene.
9. Servire la zuppa calda, guarnita con prezzemolo fresco tritato.

Valore nutrizionale per porzione

Calorie: 120
Carboidrati: 18 g
Fibre: 6 g
Zuccheri: 4 g
Proteine: 5 g
Grassi saturi: 0,5 g
Grassi insaturi: 3 g

Consigli per varianti degli ingredienti

Puoi aggiungere una patata dolce tagliata a cubetti per una consistenza più cremosa. Sostituisci la curcuma con zenzero fresco grattugiato per un sapore più piccante e un ulteriore effetto antinfiammatorio.

67. Pollo al Limone e Rosmarino

⏱ tempo di preparazione: 10 minuti

🔥 tempo di cottura: 30 minuti

🍴 porzioni: 4

☆ grado di difficoltà: Facile

Ingredienti

- 4 petti di pollo (circa 150 g ciascuno)
- 2 limoni biologici
- 2 rametti di rosmarino fresco
- 3 cucchiai di olio extravergine d'oliva
- 2 spicchi d'aglio
- Sale q.b.
- Pepe nero q.b.

Procedimento

1. Lavare i limoni e grattugiare la scorza di uno di essi. Spremere il succo di entrambi i limoni e metterlo da parte.
2. Tritare finemente gli spicchi d'aglio.
3. In una ciotola, mescolare il succo di limone, la scorza grattugiata, l'aglio tritato, l'olio extravergine d'oliva, il sale e il pepe.
4. Aggiungere i petti di pollo alla marinata, assicurandosi che siano ben coperti. Coprire la ciotola con pellicola trasparente e lasciare marinare in frigorifero per almeno 20 minuti.
5. Riscaldare una padella antiaderente a fuoco medio. Aggiungere i petti di pollo e cuocere per circa 6-7 minuti per lato, o fino a quando sono ben dorati e cotti all'interno.
6. Durante la cottura, aggiungere i rametti di rosmarino nella padella per aromatizzare il pollo.
7. Una volta cotti, trasferire i petti di pollo su un piatto da portata e guarnire con i rametti di rosmarino.

Valore nutrizionale per porzione

Calorie: 280
Carboidrati: 2 g
Fibre: 0 g
Zuccheri: 1 g
Proteine: 35 g
Grassi saturi: 1 g
Grassi insaturi: 10 g

Consigli per varianti degli ingredienti

Puoi aggiungere un pizzico di peperoncino in polvere alla marinata per un tocco piccante. Sostituisci il rosmarino con timo fresco per un sapore diverso.

68. Insalata di Farro e Feta

⏲ tempo di preparazione: 15 minuti

🔥 tempo di cottura: 20 minuti

🍴 porzioni: 4

☆ grado di difficoltà: Facile

Ingredienti

- 200 g di farro
- 150 g di feta
- 1 cetriolo
- 200 g di pomodorini ciliegia
- 1 cipolla rossa piccola
- 50 g di olive nere denocciolate
- 2 cucchiai di olio extravergine d'oliva
- Succo di mezzo limone
- Sale q.b.
- Pepe nero q.b.
- Foglie di menta fresca per guarnire

Procedimento

1. Sciacquare il farro sotto acqua corrente fredda. Cuocere il farro in abbondante acqua salata per circa 20 minuti o fino a quando è tenero. Scolare e lasciare raffreddare.
2. Tagliare la feta a cubetti.
3. Lavare il cetriolo e tagliarlo a dadini.
4. Lavare i pomodorini e tagliarli a metà.
5. Affettare finemente la cipolla rossa.
6. In una ciotola grande, unire il farro cotto, la feta, il cetriolo, i pomodorini, la cipolla e le olive nere.
7. In una piccola ciotola, mescolare l'olio extravergine d'oliva, il succo di limone, il sale e il pepe. Versare il condimento sull'insalata e mescolare bene.
8. Guarnire con foglie di menta fresca prima di servire.

Valore nutrizionale per porzione

Calorie: 320
Carboidrati: 40 g
Fibre: 8 g
Zuccheri: 5 g
Proteine: 12 g

Grassi saturi: 4 g

Grassi insaturi: 8 g

Consigli per varianti degli ingredienti

Puoi aggiungere dei peperoni rossi a dadini per un tocco di colore e dolcezza. Sostituisci la feta con formaggio di capra per un sapore diverso.

69. Risotto di Orzo e Zucchine

⏱ tempo di preparazione: 15 minuti

🔥 tempo di cottura: 30 minuti

🍽 porzioni: 4

☆ grado di difficoltà: Facile

Ingredienti

- 200 g di orzo perlato
- 2 zucchine medie
- 1 cipolla piccola
- 2 cucchiai di olio extravergine d'oliva
- 1 litro di brodo vegetale
- 50 g di parmigiano grattugiato
- Sale q.b.
- Pepe nero q.b.
- Prezzemolo fresco tritato per guarnire

Procedimento

1. Sciacquare l'orzo sotto acqua corrente fredda e scolarlo bene.
2. Lavare le zucchine e tagliarle a dadini.
3. Tritare finemente la cipolla.
4. In una pentola capiente, scaldare l'olio extravergine d'oliva a fuoco medio. Aggiungere la cipolla tritata e farla soffriggere fino a quando diventa trasparente.
5. Aggiungere le zucchine a dadini e cuocere per 5 minuti, mescolando di tanto in tanto.
6. Unire l'orzo alla pentola e mescolare bene per farlo insaporire.
7. Versare un mestolo di brodo vegetale caldo e mescolare. Continuare ad aggiungere il brodo, un mestolo alla volta, mescolando spesso, fino a quando l'orzo è cotto e ha assorbito il liquido, circa 25 minuti.
8. A cottura ultimata, togliere dal fuoco e

aggiungere il parmigiano grattugiato. Mescolare bene fino a quando il formaggio si è sciolto.
9. Aggiustare di sale e pepe a piacere.
10. Servire il risotto di orzo e zucchine caldo, guarnito con prezzemolo fresco tritato.

Valore nutrizionale per porzione

Calorie: 320
Carboidrati: 50 g
Fibre: 8 g
Zuccheri: 4 g
Proteine: 10 g
Grassi saturi: 3 g
Grassi insaturi: 7 g

Consigli per varianti degli ingredienti

Puoi aggiungere dei funghi champignon affettati per un sapore più ricco. Sostituisci il parmigiano con pecorino per un gusto più deciso.

70. Polpette di Ceci e Carote

⏱ tempo di preparazione: 20 minuti

🔥 tempo di cottura: 30 minuti

🍴 porzioni: 4

☆ grado di difficoltà: Facile

Ingredienti

- 400 g di ceci cotti
- 2 carote medie
- 1 cipolla piccola
- 2 spicchi d'aglio
- 2 cucchiai di olio extravergine d'oliva
- 50 g di pangrattato integrale
- 1 cucchiaino di cumino in polvere
- 1 cucchiaino di curcuma in polvere
- Sale q.b.
- Pepe nero q.b.
- Prezzemolo fresco tritato per guarnire

Procedimento

1. Scolare e sciacquare i ceci cotti sotto acqua corrente fredda.
2. Pelare le carote e grattugiarle finemente.
3. Tritare finemente la cipolla e l'aglio.
4. In una padella, scaldare un cucchiaio di olio extravergine d'oliva a fuoco medio. Aggiungere la cipolla e l'aglio tritati e

farli soffriggere fino a quando diventano trasparenti.

5. Aggiungere le carote grattugiate e cuocere per 5 minuti, mescolando di tanto in tanto.

6. In una ciotola grande, schiacciare i ceci con una forchetta fino a ottenere una consistenza grossolana.

7. Aggiungere le carote cotte, il pangrattato, il cumino, la curcuma, il sale e il pepe ai ceci schiacciati. Mescolare bene fino a ottenere un composto omogeneo.

8. Con le mani leggermente umide, formare delle polpette di circa 4 cm di diametro.

9. Scaldare il restante cucchiaio di olio extravergine d'oliva in una padella antiaderente a fuoco medio. Cuocere le polpette per circa 3-4 minuti per lato, fino a quando sono dorate e croccanti.

10. Servire le polpette di ceci e carote calde, guarnite con prezzemolo fresco tritato.

Valore nutrizionale per porzione

Calorie: 280
Carboidrati: 35 g
Fibre: 10 g
Zuccheri: 5 g
Proteine: 10 g
Grassi saturi: 1 g
Grassi insaturi: 7 g

Consigli per varianti degli ingredienti

Puoi aggiungere del coriandolo fresco tritato per un sapore più esotico. Sostituisci il pangrattato con farina di mandorle per una versione senza glutine.

71. Couscous di Pollo e Verdure

⏱ tempo di preparazione: 20 minuti

🔥 tempo di cottura: 30 minuti

🍴 porzioni: 4

☆ grado di difficoltà: Facile

Ingredienti

- 200 g di couscous integrale
- 300 g di petto di pollo

- 1 peperone rosso
- 1 zucchina media
- 1 carota
- 1 cipolla piccola
- 2 cucchiai di olio extravergine d'oliva
- 1 cucchiaino di curcuma
- 1 cucchiaino di zenzero in polvere
- Sale q.b.
- Pepe nero q.b.
- Prezzemolo fresco tritato per guarnire

Procedimento

1. Tagliare il petto di pollo a cubetti di circa 2 cm.
2. Lavare il peperone, la zucchina e la carota. Tagliare il peperone a strisce, la zucchina a rondelle e grattugiare la carota.
3. Tritare finemente la cipolla.
4. In una padella capiente, scaldare un cucchiaio di olio extravergine d'oliva a fuoco medio. Aggiungere la cipolla tritata e farla soffriggere fino a quando diventa trasparente.
5. Aggiungere i cubetti di pollo e cuocere per circa 5-7 minuti, fino a quando

sono dorati su tutti i lati.
6. Aggiungere il peperone, la zucchina e la carota nella padella. Cuocere per altri 5 minuti, mescolando di tanto in tanto.
7. Aggiungere la curcuma, lo zenzero, il sale e il pepe. Mescolare bene per insaporire il tutto.
8. In un'altra pentola, portare a ebollizione 250 ml di acqua leggermente salata. Togliere dal fuoco e aggiungere il couscous. Coprire e lasciare riposare per 5 minuti.
9. Sgranare il couscous con una forchetta e aggiungerlo alla padella con il pollo e le verdure. Mescolare bene per amalgamare gli ingredienti.
10. Servire il couscous di pollo e verdure caldo, guarnito con prezzemolo fresco tritato.

Valore nutrizionale per porzione

Calorie: 350
Carboidrati: 45 g
Fibre: 8 g

Zuccheri: 6 g
Proteine: 25 g
Grassi saturi: 1 g
Grassi insaturi: 8 g

Consigli per varianti degli ingredienti

Puoi sostituire il pollo con tacchino per una variante diversa. Aggiungi delle mandorle tostate per un tocco croccante.

72. Insalata di Spinaci e Feta

⏱ tempo di preparazione: 15 minuti

🍴 porzioni: 4

☆ grado di difficoltà: Facile

Ingredienti

- 200 g di spinaci freschi
- 100 g di formaggio feta
- 1 cetriolo
- 1 peperone giallo
- 50 g di noci
- 2 cucchiai di olio extravergine d'oliva
- 1 cucchiaio di succo di limone
- Sale q.b.
- Pepe nero q.b.

Procedimento

1. Lavare accuratamente gli spinaci sotto acqua corrente fredda e asciugarli con una centrifuga per insalata.
2. Tagliare il formaggio feta a cubetti di circa 1 cm.
3. Pelare il cetriolo e tagliarlo a rondelle sottili.
4. Lavare il peperone, rimuovere i semi e tagliarlo a strisce sottili.
5. Tritare grossolanamente le noci.
6. In una ciotola grande, unire gli spinaci, il cetriolo, il peperone e le noci.
7. Aggiungere i cubetti di feta agli altri ingredienti nella ciotola.
8. In una piccola ciotola, mescolare l'olio extravergine d'oliva con il succo di limone, il sale e il pepe.
9. Versare il condimento sull'insalata e mescolare delicatamente per amalgamare bene tutti gli ingredienti.
10. Servire immediatamente.

Valore nutrizionale per porzione

Calorie: 220
Carboidrati: 8 g
Fibre: 4 g
Zuccheri: 3 g
Proteine: 8 g
Grassi saturi: 3 g
Grassi insaturi: 12 g

Consigli per varianti degli ingredienti

Puoi sostituire le noci con mandorle o semi di girasole per una variante diversa. Aggiungi delle olive nere per un sapore più deciso.

73. Zuppa di Pomodoro e Basilico

⏱ tempo di preparazione: 10 minuti

🔥 tempo di cottura: 20 minuti

🍽 porzioni: 4

☆ grado di difficoltà: Facile

Ingredienti

- 800 g di pomodori maturi
- 1 cipolla media
- 2 spicchi d'aglio
- 500 ml di brodo vegetale
- 1 cucchiaio di olio extravergine d'oliva
- 1 mazzetto di basilico fresco
- Sale q.b.
- Pepe nero q.b.

Procedimento

1. Lavare i pomodori e tagliarli a pezzi grossolani.
2. Tritare finemente la cipolla e l'aglio.
3. In una pentola capiente, scaldare l'olio extravergine d'oliva a fuoco medio.
4. Aggiungere la cipolla e l'aglio tritati e farli soffriggere fino a quando diventano morbidi e trasparenti.
5. Aggiungere i pomodori tagliati e cuocere per circa 5 minuti, mescolando di tanto in tanto.
6. Versare il brodo vegetale nella pentola e portare a ebollizione.
7. Ridurre il fuoco e lasciare sobbollire per 15 minuti, fino a quando i pomodori sono completamente cotti.
8. Utilizzare un frullatore

a immersione per ridurre la zuppa a una consistenza liscia e omogenea.
9. Aggiungere sale e pepe a piacere.
10. Tritare il basilico fresco e aggiungerlo alla zuppa prima di servire.

Valore nutrizionale per porzione

Calorie: 120
Carboidrati: 18 g
Fibre: 4 g
Zuccheri: 10 g
Proteine: 3 g
Grassi saturi: 0 g
Grassi insaturi: 4 g

Consigli per varianti degli ingredienti

Puoi aggiungere un pizzico di peperoncino per un tocco piccante. Sostituisci il basilico con prezzemolo per un sapore diverso.

74. Pollo alla Griglia con Verdure

⏱ tempo di preparazione: 20 minuti

🔥 tempo di cottura: 30 minuti

🍴 porzioni: 4

☆ grado di difficoltà: Facile

Ingredienti

- 4 petti di pollo (circa 150 g ciascuno)
- 2 zucchine medie
- 1 peperone rosso
- 1 peperone giallo
- 1 cipolla rossa
- 2 cucchiai di olio extravergine d'oliva
- 1 cucchiaio di succo di limone
- 1 cucchiaino di origano secco
- Sale q.b.
- Pepe nero q.b.

Procedimento

1. Preriscaldare la griglia a fuoco medio-alto.
2. Lavare le zucchine e tagliarle a rondelle di circa 1 cm di spessore.
3. Lavare i peperoni, rimuovere i semi e tagliarli a strisce larghe circa 2 cm.
4. Sbucciare la cipolla e tagliarla a fette spesse circa 1 cm.
5. In una ciotola grande, unire le zucchine, i

peperoni e la cipolla. Condire con 1 cucchiaio di olio extravergine d'oliva, sale e pepe. Mescolare bene per distribuire il condimento.

6. Spennellare i petti di pollo con il restante cucchiaio di olio extravergine d'oliva. Condire con sale, pepe e origano su entrambi i lati.

7. Posizionare il pollo sulla griglia calda e cuocere per circa 6-7 minuti per lato, o fino a quando non è ben cotto e dorato.

8. Durante gli ultimi 10 minuti di cottura del pollo, aggiungere le verdure sulla griglia. Cuocere fino a quando sono tenere e leggermente carbonizzate, girandole di tanto in tanto.

9. Rimuovere il pollo e le verdure dalla griglia. Lasciare riposare il pollo per 5 minuti prima di affettarlo.

10. Servire il pollo affettato con le verdure grigliate, irrorando con succo di limone fresco.

Valore nutrizionale per porzione

Calorie: 320
Carboidrati: 10 g
Fibre: 4 g
Zuccheri: 6 g
Proteine: 40 g
Grassi saturi: 2 g
Grassi insaturi: 10 g

Consigli per varianti degli ingredienti

Puoi sostituire le zucchine con melanzane o aggiungere funghi per un sapore più ricco. Aggiungi un pizzico di peperoncino per un tocco piccante.

75. Insalata di Quinoa e Fagioli

⏱ tempo di preparazione: 15 minuti

🥘 tempo di cottura: 15 minuti

🍽 porzioni: 4

☆ grado di difficoltà: Facile

Ingredienti

- 200 g di quinoa
- 400 ml di acqua
- 1 lattina (240 g) di

fagioli neri, scolati e sciacquati
- 1 peperone rosso
- 1 cetriolo
- 1 cipolla rossa piccola
- 1 mazzetto di prezzemolo fresco
- 2 cucchiai di olio extravergine d'oliva
- 1 cucchiaio di succo di limone
- Sale q.b.
- Pepe nero q.b.

Procedimento

1. Sciacquare la quinoa sotto acqua corrente fredda per eliminare eventuali residui di saponina.
2. In una pentola, portare a ebollizione l'acqua e aggiungere la quinoa. Ridurre il fuoco, coprire e cuocere per circa 15 minuti, o fino a quando la quinoa è cotta e l'acqua è stata assorbita. Lasciare raffreddare.
3. Nel frattempo, lavare il peperone e tagliarlo a dadini.
4. Sbucciare il cetriolo e tagliarlo a cubetti.
5. Tritare finemente la cipolla rossa.

6. Tritare il prezzemolo fresco.
7. In una ciotola grande, unire la quinoa cotta, i fagioli neri, il peperone, il cetriolo, la cipolla e il prezzemolo.
8. Condire con olio extravergine d'oliva, succo di limone, sale e pepe. Mescolare bene per amalgamare tutti gli ingredienti.

Valore nutrizionale per porzione

Calorie: 280
Carboidrati: 45 g
Fibre: 10 g
Zuccheri: 4 g
Proteine: 10 g
Grassi saturi: 0 g
Grassi insaturi: 7 g

Consigli per varianti degli ingredienti

Puoi sostituire i fagioli neri con fagioli cannellini o ceci per un sapore diverso. Aggiungi avocado a cubetti per una consistenza cremosa.

76. Risotto di Farro e Funghi

⏱ tempo di preparazione: 15 minuti

🔥 tempo di cottura: 30 minuti

🍴 porzioni: 4

☆ grado di difficoltà: Facile

Ingredienti

- 250 g di farro perlato
- 500 ml di brodo vegetale
- 200 g di funghi champignon
- 1 cipolla piccola
- 2 spicchi d'aglio
- 2 cucchiai di olio extravergine d'oliva
- 1 cucchiaio di prezzemolo fresco tritato
- Sale q.b.
- Pepe nero q.b.

Procedimento

1. Sciacquare il farro sotto acqua corrente fredda e scolarlo bene.
2. In una pentola, portare a ebollizione il brodo vegetale.
3. Nel frattempo, pulire i funghi con un panno umido e tagliarli a fette sottili.
4. Tritare finemente la cipolla e l'aglio.
5. In una padella grande, scaldare l'olio extravergine d'oliva a fuoco medio.
6. Aggiungere la cipolla e l'aglio tritati e soffriggere per 2-3 minuti fino a quando sono morbidi.
7. Unire i funghi e cuocere per altri 5 minuti, mescolando di tanto in tanto.
8. Aggiungere il farro nella padella e mescolare bene per farlo insaporire.
9. Versare il brodo vegetale caldo sul farro, un mestolo alla volta, mescolando continuamente fino a quando il liquido è assorbito e il farro è cotto al dente, circa 20 minuti.
10. Aggiustare di sale e pepe a piacere.
11. Togliere dal fuoco e aggiungere il prezzemolo fresco tritato.
12. Mescolare bene e servire caldo.

Valore nutrizionale per porzione

Calorie: 320
Carboidrati: 55 g
Fibre: 8 g
Zuccheri: 2 g
Proteine: 10 g
Grassi saturi: 1 g
Grassi insaturi: 5 g

Consigli per varianti degli ingredienti

Puoi sostituire i funghi champignon con porcini per un sapore più intenso. Aggiungi un pizzico di peperoncino per un tocco piccante.

77. Polpette di Tacchino e Spinaci

⏱ tempo di preparazione: 20 minuti

🔥 tempo di cottura: 25 minuti

🍽 porzioni: 4

⭐ grado di difficoltà: Facile

Ingredienti

- 400 g di carne di tacchino macinata
- 200 g di spinaci freschi
- 1 cipolla piccola
- 2 spicchi d'aglio
- 1 uovo
- 50 g di pangrattato integrale
- 2 cucchiai di olio extravergine d'oliva
- Sale q.b.
- Pepe nero q.b.

Procedimento

1. Lavare gli spinaci sotto acqua corrente e scolarli bene.
2. Tritare finemente la cipolla e l'aglio.
3. In una padella, scaldare 1 cucchiaio di olio extravergine d'oliva a fuoco medio.
4. Aggiungere la cipolla e l'aglio tritati e soffriggere per 2-3 minuti fino a quando sono morbidi.
5. Unire gli spinaci e cuocere per altri 3-4 minuti fino a quando sono appassiti. Lasciare raffreddare leggermente.
6. In una ciotola grande, unire la carne di tacchino, gli spinaci cotti, l'uovo, il pangrattato, il sale e il pepe.
7. Mescolare bene fino a ottenere un composto omogeneo.
8. Formare delle polpette di dimensioni uniformi.
9. Nella stessa padella,

scaldare l'olio rimanente a fuoco medio.

10. Cuocere le polpette per circa 10-12 minuti, girandole a metà cottura, fino a quando sono dorate e cotte all'interno.

Valore nutrizionale per porzione

Calorie: 280
Carboidrati: 10 g
Fibre: 2 g
Zuccheri: 1 g
Proteine: 30 g
Grassi saturi: 1 g
Grassi insaturi: 8 g

Consigli per varianti degli ingredienti

Puoi sostituire il tacchino con pollo macinato per una variante diversa. Aggiungi erbe aromatiche come timo o rosmarino per un sapore più intenso.

78. Couscous di Ceci e Zucchine

⏱ tempo di preparazione: 15 minuti

🔥 tempo di cottura: 20 minuti

🍴 porzioni: 4

☆ grado di difficoltà: Facile

Ingredienti

- 200 g di couscous di ceci
- 2 zucchine medie
- 1 cipolla rossa piccola
- 2 cucchiai di olio extravergine d'oliva
- 1 limone (succo)
- 1 cucchiaio di prezzemolo fresco tritato
- Sale q.b.
- Pepe nero q.b.

Procedimento

1. In una ciotola, versare il couscous di ceci e coprirlo con acqua bollente. Coprire la ciotola con un coperchio e lasciare riposare per 10 minuti.
2. Nel frattempo, lavare le zucchine e tagliarle a dadini piccoli.
3. Tritare finemente la cipolla rossa.
4. In una padella grande, scaldare l'olio extravergine d'oliva a fuoco medio.
5. Aggiungere la cipolla tritata e soffriggere per 2-

3 minuti fino a quando diventa morbida.

6. Unire le zucchine e cuocere per 5-7 minuti, mescolando di tanto in tanto, fino a quando sono tenere ma ancora croccanti.

7. Sgranare il couscous con una forchetta e aggiungerlo nella padella con le zucchine.

8. Aggiungere il succo di limone, il prezzemolo tritato, il sale e il pepe. Mescolare bene per amalgamare tutti gli ingredienti.

9. Cuocere per altri 2 minuti, mescolando continuamente.

Valore nutrizionale per porzione

Calorie: 250
Carboidrati: 40 g
Fibre: 6 g
Zuccheri: 4 g
Proteine: 8 g
Grassi saturi: 1 g
Grassi insaturi: 5 g

Consigli per varianti degli ingredienti

Puoi aggiungere pomodorini ciliegia tagliati a metà per un tocco di colore e dolcezza. Sostituisci il prezzemolo con basilico fresco per un sapore diverso.

79. Insalata di Riso Integrale e Tonno

🕐 tempo di preparazione: 15 minuti

🔥 tempo di cottura: 25 minuti

🍴 porzioni: 4

☆ grado di difficoltà: Facile

Ingredienti

- 200 g di riso integrale
- 160 g di tonno al naturale
- 1 peperone rosso
- 1 cetriolo
- 1 cipolla rossa piccola
- 2 cucchiai di olio extravergine d'oliva
- Succo di 1 limone
- Sale q.b.
- Pepe nero q.b.

Procedimento

1. Cuocere il riso integrale in abbondante

acqua salata per circa 25 minuti o fino a quando è tenero. Scolare e lasciare raffreddare.

2. Nel frattempo, lavare il peperone e il cetriolo. Tagliare il peperone a dadini e il cetriolo a fette sottili.

3. Tritare finemente la cipolla rossa.

4. In una ciotola grande, unire il riso cotto, il tonno sgocciolato, il peperone, il cetriolo e la cipolla.

5. Condire con l'olio extravergine d'oliva, il succo di limone, il sale e il pepe. Mescolare bene per amalgamare tutti gli ingredienti.

Valore nutrizionale per porzione

Calorie: 320
Carboidrati: 45 g
Fibre: 5 g
Zuccheri: 3 g
Proteine: 20 g
Grassi saturi: 1 g
Grassi insaturi: 7 g

Consigli per varianti degli ingredienti

Puoi aggiungere olive nere a rondelle per un sapore più deciso. Sostituisci il tonno con salmone affumicato per una variante diversa.

80. Zuppa di Lenticchie e Spinaci

☉ tempo di preparazione: 10 minuti

🜂 tempo di cottura: 30 minuti

🍽 porzioni: 4

☆ grado di difficoltà: Facile

Ingredienti

- 200 g di lenticchie secche
- 1 cipolla media
- 2 spicchi d'aglio
- 2 carote medie
- 1 gambo di sedano
- 200 g di spinaci freschi
- 2 cucchiai di olio extravergine d'oliva
- 1 litro di brodo vegetale
- 1 cucchiaino di curcuma in polvere
- Sale q.b.
- Pepe nero q.b.

Procedimento

1. Sciacquare le lenticchie sotto acqua corrente fredda e scolarle bene.

2. Tritare finemente la cipolla e l'aglio.

3. Pelare le carote e tagliarle a dadini piccoli.

4. Tagliare il gambo di sedano a fettine sottili.

5. In una pentola capiente, scaldare l'olio extravergine d'oliva a fuoco medio.

6. Aggiungere la cipolla e l'aglio tritati e soffriggere per 2-3 minuti fino a quando sono morbidi.

7. Unire le carote e il sedano, mescolando bene, e cuocere per altri 5 minuti.

8. Aggiungere le lenticchie scolate e mescolare per amalgamare gli ingredienti.

9. Versare il brodo vegetale e portare a ebollizione.

10. Ridurre il fuoco e lasciare sobbollire per 20 minuti, mescolando di tanto in tanto.

11. Aggiungere la curcuma, il sale e il pepe, mescolando bene.

12. Unire gli spinaci freschi e cuocere per altri 5 minuti fino a quando sono appassiti.

Valore nutrizionale per porzione

Calorie: 280
Carboidrati: 45 g
Fibre: 12 g
Zuccheri: 5 g
Proteine: 15 g
Grassi saturi: 1 g
Grassi insaturi: 6 g

Consigli per varianti degli ingredienti

Puoi aggiungere un pizzico di peperoncino in polvere per un tocco piccante. Sostituisci gli spinaci con cavolo riccio per una variante diversa.

81. Pollo al Sesamo e Zenzero

⏱ tempo di preparazione: 15 minuti

🔥 tempo di cottura: 20 minuti

🍴 porzioni: 4

☆ grado di difficoltà: Facile

Ingredienti

- 500 g di petto di pollo
- 2 cucchiai di semi di sesamo
- 1 cucchiaio di zenzero fresco grattugiato
- 2 cucchiai di salsa di soia a basso contenuto di sodio
- 1 cucchiaio di miele
- 2 cucchiai di olio extravergine d'oliva
- 1 spicchio d'aglio
- 1 cipollotto
- Sale q.b.
- Pepe nero q.b.

Procedimento

1. Tagliare il petto di pollo a strisce sottili.
2. In una ciotola, mescolare la salsa di soia, il miele e lo zenzero grattugiato.
3. Aggiungere il pollo alla marinata e lasciare riposare per almeno 10 minuti.
4. Scaldare l'olio extravergine d'oliva in una padella grande a fuoco medio.
5. Tritare finemente l'aglio e il cipollotto.
6. Aggiungere l'aglio tritato alla padella e soffriggere per 1 minuto.
7. Unire il pollo marinato e cuocere per 10 minuti, mescolando di tanto in tanto.
8. Aggiungere i semi di sesamo e il cipollotto tritato, continuando a cuocere per altri 5 minuti.
9. Aggiustare di sale e pepe a piacere.

Valore nutrizionale per porzione

Calorie: 320
Carboidrati: 10 g
Fibre: 1 g
Zuccheri: 5 g
Proteine: 35 g
Grassi saturi: 2 g
Grassi insaturi: 10 g

Consigli per varianti degli ingredienti

Puoi aggiungere peperoncino fresco per un tocco piccante. Sostituisci il pollo con tofu per una variante vegetariana.

82. Insalata di Orzo e Verdure Grigliate

⏱ tempo di preparazione: 20 minuti

🔥 tempo di cottura: 30 minuti

🍽 porzioni: 4

☆ grado di difficoltà: Facile

Ingredienti

- 200 g di orzo perlato
- 1 zucchina media
- 1 peperone rosso
- 1 melanzana piccola
- 1 cipolla rossa
- 2 cucchiai di olio extravergine d'oliva
- Succo di 1 limone
- 1 cucchiaino di origano secco
- Sale q.b.
- Pepe nero q.b.
- 50 g di rucola fresca

Procedimento

1. Sciacquare l'orzo sotto acqua corrente fredda e scolarlo bene.
2. Cuocere l'orzo in abbondante acqua salata per circa 20 minuti o fino a quando è tenero. Scolare e lasciare raffreddare.
3. Tagliare la zucchina, il peperone e la melanzana a fette sottili.
4. Affettare la cipolla rossa a rondelle sottili.
5. Scaldare una griglia o una padella antiaderente a fuoco medio-alto.
6. Grigliare le verdure per 3-4 minuti per lato, fino a quando sono ben cotte e leggermente abbrustolite.
7. In una ciotola grande, unire l'orzo cotto, le verdure grigliate e la cipolla.
8. Condire con olio extravergine d'oliva, succo di limone, origano, sale e pepe. Mescolare bene.
9. Aggiungere la rucola fresca e mescolare delicatamente prima di servire.

Valore nutrizionale per porzione

Calorie: 250
Carboidrati: 40 g
Fibre: 8 g
Zuccheri: 5 g
Proteine: 6 g
Grassi saturi: 1 g
Grassi insaturi: 7 g

Consigli per varianti degli ingredienti

Puoi aggiungere pomodorini secchi per un sapore più intenso. Sostituisci la rucola con spinaci freschi per una variante diversa.

83. Risotto di Quinoa e Broccoli

☼ tempo di preparazione: 15 minuti

🔥 tempo di cottura: 25 minuti

🍴 porzioni: 4

☆ grado di difficoltà: Facile

Ingredienti

- 200 g di quinoa
- 300 g di broccoli
- 1 cipolla piccola
- 2 spicchi d'aglio
- 2 cucchiai di olio extravergine d'oliva
- 500 ml di brodo vegetale
- 1 cucchiaio di succo di limone
- Sale q.b.
- Pepe nero q.b.

Procedimento

1. Sciacquare la quinoa sotto acqua corrente fredda e scolarla bene.
2. Tagliare i broccoli in piccoli pezzi, eliminando il gambo più duro.
3. Tritare finemente la cipolla e l'aglio.
4. Scaldare l'olio extravergine d'oliva in una padella grande a fuoco medio.
5. Aggiungere la cipolla e l'aglio tritati, soffriggendo per 2-3 minuti fino a quando sono morbidi.
6. Unire la quinoa alla padella e tostare per 2 minuti, mescolando continuamente.
7. Aggiungere il brodo vegetale e portare a ebollizione.
8. Ridurre il fuoco, coprire e cuocere per 15 minuti.
9. Aggiungere i broccoli e continuare la cottura per altri 5 minuti, fino a quando la quinoa è tenera e i broccoli sono cotti.
10. Aggiustare di sale e pepe a piacere.
11. Aggiungere il succo di limone e mescolare bene prima di servire.

Valore nutrizionale per porzione

Calorie: 280

Carboidrati: 45 g
Fibre: 7 g
Zuccheri: 3 g
Proteine: 9 g
Grassi saturi: 1 g
Grassi insaturi: 6 g

Consigli per varianti degli ingredienti

Puoi aggiungere mandorle tostate per un tocco croccante. Sostituisci i broccoli con cavolfiore per una variante diversa.

84. Polpette di Pollo e Verdure

⏱ tempo di preparazione: 20 minuti

🔥 tempo di cottura: 25 minuti

🍽 porzioni: 4

☆ grado di difficoltà: Facile

Ingredienti

- 400 g di petto di pollo macinato
- 1 zucchina media
- 1 carota media
- 1 cipolla piccola
- 2 spicchi d'aglio
- 2 cucchiai di olio extravergine d'oliva
- 1 uovo
- 50 g di pangrattato integrale
- 1 cucchiaino di curcuma in polvere
- Sale q.b.
- Pepe nero q.b.

Procedimento

1. Grattugiare la zucchina e la carota con una grattugia a fori larghi.
2. Tritare finemente la cipolla e l'aglio.
3. In una padella, scaldare 1 cucchiaio di olio extravergine d'oliva a fuoco medio e soffriggere la cipolla e l'aglio per 2-3 minuti fino a quando sono morbidi.
4. In una ciotola grande, unire il pollo macinato, la zucchina, la carota, la cipolla e l'aglio soffritti.
5. Aggiungere l'uovo, il pangrattato, la curcuma, il sale e il pepe. Mescolare bene fino a ottenere un composto omogeneo.
6. Formare delle polpette di dimensioni uniformi con le mani leggermente umide.
7. Scaldare il restante

cucchiaio di olio extravergine d'oliva in una padella antiaderente a fuoco medio.

8. Cuocere le polpette per 10-12 minuti, girandole a metà cottura, fino a quando sono dorate e ben cotte all'interno.

Valore nutrizionale per porzione

Calorie: 320
Carboidrati: 12 g
Fibre: 3 g
Zuccheri: 2 g
Proteine: 30 g
Grassi saturi: 2 g
Grassi insaturi: 8 g

Consigli per varianti degli ingredienti

Puoi aggiungere prezzemolo fresco tritato per un sapore più fresco. Sostituisci il pangrattato con farina di mandorle per una versione senza glutine.

85. Couscous di Verdure e Mandorle

🕐 tempo di preparazione: 15 minuti

🔥 tempo di cottura: 20 minuti

🍴 porzioni: 4

☆ grado di difficoltà: Facile

Ingredienti

- 250 g di couscous integrale
- 1 peperone rosso
- 1 zucchina media
- 1 carota media
- 1 cipolla piccola
- 2 cucchiai di olio extravergine d'oliva
- 500 ml di brodo vegetale
- 50 g di mandorle a lamelle
- 1 cucchiaino di curcuma in polvere
- Sale q.b.
- Pepe nero q.b.

Procedimento

1. Tagliare il peperone, la zucchina e la carota a cubetti piccoli.
2. Tritare finemente la cipolla.
3. Scaldare 1 cucchiaio di olio extravergine d'oliva in una padella grande a fuoco medio.

4. Aggiungere la cipolla tritata e soffriggere per 2-3 minuti fino a quando è morbida.

5. Unire il peperone, la zucchina e la carota alla padella e cuocere per 5-7 minuti, mescolando di tanto in tanto.

6. Aggiungere la curcuma, il sale e il pepe, mescolando bene per amalgamare i sapori.

7. In un'altra pentola, portare a ebollizione il brodo vegetale.

8. Versare il couscous in una ciotola grande e coprirlo con il brodo bollente.

9. Coprire la ciotola con un coperchio o un piatto e lasciare riposare per 5 minuti.

10. Sgranare il couscous con una forchetta e aggiungere le verdure cotte.

11. In una padella piccola, tostare le mandorle a lamelle per 2-3 minuti fino a quando sono dorate.

12. Aggiungere le mandorle tostate al couscous e mescolare bene.

13. Aggiustare di sale e pepe a piacere prima di servire.

Valore nutrizionale per porzione

Calorie: 350
Carboidrati: 55 g
Fibre: 8 g
Zuccheri: 5 g
Proteine: 10 g
Grassi saturi: 1 g
Grassi insaturi: 7 g

Consigli per varianti degli ingredienti

Puoi aggiungere ceci cotti per aumentare il contenuto proteico. Sostituisci le mandorle con noci per una variante diversa.

86. Insalata di Ceci e Rucola

⏲ tempo di preparazione: 15 minuti

🍴 porzioni: 4

☆ grado di difficoltà: Facile

Ingredienti

- 400 g di ceci cotti
- 100 g di rucola fresca

- 1 cetriolo medio
- 10 pomodorini ciliegia
- 1 cipolla rossa piccola
- 2 cucchiai di olio extravergine d'oliva
- 1 cucchiaio di succo di limone
- Sale q.b.
- Pepe nero q.b.

Procedimento

1. Sciacquare i ceci sotto acqua corrente e scolarli bene.
2. Lavare la rucola e asciugarla con cura.
3. Tagliare il cetriolo a metà per il lungo e affettarlo sottilmente.
4. Tagliare i pomodorini a metà.
5. Affettare finemente la cipolla rossa.
6. In una ciotola grande, unire i ceci, la rucola, il cetriolo, i pomodorini e la cipolla.
7. In una ciotolina, emulsionare l'olio extravergine d'oliva con il succo di limone, il sale e il pepe.
8. Versare il condimento sull'insalata e mescolare delicatamente per amalgamare i sapori.

Valore nutrizionale per porzione

Calorie: 250
Carboidrati: 30 g
Fibre: 8 g
Zuccheri: 5 g
Proteine: 10 g
Grassi saturi: 1 g
Grassi insaturi: 7 g

Consigli per varianti degli ingredienti

Puoi aggiungere semi di girasole tostati per un tocco croccante. Sostituisci il succo di limone con aceto balsamico per un sapore più deciso.

87. Zuppa di Verdure e Curcuma

🕐 tempo di preparazione: 20 minuti

🍲 tempo di cottura: 30 minuti

🍽 porzioni: 4

☆ grado di difficoltà: Facile

Ingredienti

- 2 cucchiai di olio extravergine d'oliva

- 1 cipolla media
- 2 spicchi d'aglio
- 2 carote medie
- 2 gambi di sedano
- 1 zucchina media
- 1 peperone giallo
- 1 cucchiaino di curcuma in polvere
- 1 cucchiaino di zenzero fresco grattugiato
- 1 litro di brodo vegetale
- 200 g di cavolo nero
- Sale q.b.
- Pepe nero q.b.

Procedimento

1. Tritare finemente la cipolla e l'aglio.
2. Tagliare le carote, il sedano, la zucchina e il peperone a cubetti.
3. Scaldare l'olio extravergine d'oliva in una pentola grande a fuoco medio.
4. Aggiungere la cipolla e l'aglio tritati e soffriggere per 3-4 minuti fino a quando sono morbidi.
5. Unire le carote, il sedano, la zucchina e il peperone alla pentola e cuocere per 5-7 minuti, mescolando di tanto in tanto.
6. Aggiungere la curcuma e lo zenzero grattugiato, mescolando bene per amalgamare i sapori.
7. Versare il brodo vegetale nella pentola e portare a ebollizione.
8. Ridurre il fuoco e lasciare sobbollire per 15 minuti.
9. Aggiungere il cavolo nero tagliato a strisce e cuocere per altri 5 minuti.
10. Aggiustare di sale e pepe a piacere prima di servire.

Valore nutrizionale per porzione

Calorie: 180
Carboidrati: 25 g
Fibre: 7 g
Zuccheri: 8 g
Proteine: 5 g
Grassi saturi: 1 g
Grassi insaturi: 5 g

Consigli per varianti degli ingredienti

Puoi aggiungere fagioli cannellini per aumentare il contenuto proteico. Sostituisci il cavolo nero con spinaci per una variante più delicata.

88. Pollo al Miele e Senape

⏱ tempo di preparazione: 10 minuti

🔥 tempo di cottura: 25 minuti

🍽 porzioni: 4

☆ grado di difficoltà: Facile

Ingredienti

- 4 petti di pollo (circa 150 g ciascuno)
- 2 cucchiai di olio extravergine d'oliva
- 3 cucchiai di miele
- 2 cucchiai di senape di Digione
- 1 cucchiaio di aceto di mele
- 1 cucchiaino di curcuma in polvere
- 1 cucchiaino di zenzero fresco grattugiato
- Sale q.b.
- Pepe nero q.b.

Procedimento

1. Preriscaldare il forno a 200°C.
2. In una ciotola, mescolare il miele, la senape, l'aceto di mele, la curcuma e lo zenzero fino a ottenere una salsa omogenea.
3. Condire i petti di pollo con sale e pepe su entrambi i lati.
4. Scaldare l'olio extravergine d'oliva in una padella antiaderente a fuoco medio-alto.
5. Aggiungere i petti di pollo e rosolarli per 3-4 minuti per lato, fino a doratura.
6. Trasferire i petti di pollo in una teglia da forno.
7. Versare la salsa al miele e senape sui petti di pollo, assicurandosi che siano ben ricoperti.
8. Cuocere in forno per 15-20 minuti, o fino a quando il pollo è cotto e tenero.
9. Lasciare riposare per 5 minuti prima di servire.

Valore nutrizionale per porzione

Calorie: 320
Carboidrati: 15 g
Fibre: 1 g
Zuccheri: 12 g
Proteine: 35 g
Grassi saturi: 2 g
Grassi insaturi: 8 g

Consigli per varianti degli ingredienti

Puoi sostituire la senape di Digione con senape integrale per una consistenza più rustica. Aggiungi un pizzico di peperoncino in polvere per un tocco piccante.

89. Insalata di Farro e Pomodori

⏲ tempo di preparazione: 15 minuti

🥘 tempo di cottura: 20 minuti

🍴 porzioni: 4

☆ grado di difficoltà: Facile

Ingredienti

- 200 g di farro
- 300 g di pomodori ciliegini
- 1 cetriolo
- 1 cipolla rossa piccola
- 50 g di rucola
- 2 cucchiai di olio extravergine d'oliva
- 1 cucchiaio di aceto balsamico
- Sale q.b.
- Pepe nero q.b.

Procedimento

1. Sciacquare il farro sotto acqua corrente fredda.
2. Cuocere il farro in abbondante acqua salata per circa 20 minuti o fino a quando è tenero. Scolare e lasciare raffreddare.
3. Tagliare i pomodori ciliegini a metà.
4. Pelare il cetriolo e tagliarlo a cubetti.
5. Affettare finemente la cipolla rossa.
6. In una ciotola grande, unire il farro cotto, i pomodori, il cetriolo, la cipolla e la rucola.
7. Condire con olio extravergine d'oliva, aceto balsamico, sale e pepe. Mescolare bene per amalgamare i sapori.

Valore nutrizionale per porzione

Calorie: 250
Carboidrati: 45 g
Fibre: 8 g
Zuccheri: 5 g
Proteine: 7 g
Grassi saturi: 1 g
Grassi insaturi: 6 g

Consigli per varianti degli ingredienti

Puoi aggiungere olive nere per un sapore più deciso. Sostituisci la rucola con spinaci freschi per una variante più delicata.

90. Risotto di Orzo e Asparagi

⏱ tempo di preparazione: 15 minuti

🔥 tempo di cottura: 30 minuti

🍽 porzioni: 4

☆ grado di difficoltà: Facile

Ingredienti

- 200 g di orzo perlato
- 500 g di asparagi
- 1 cipolla piccola
- 2 cucchiai di olio extravergine d'oliva
- 1 litro di brodo vegetale
- 50 g di parmigiano grattugiato
- Sale q.b.
- Pepe nero q.b.

Procedimento

1. Sciacquare l'orzo sotto acqua corrente fredda e scolarlo bene.
2. Pulire gli asparagi eliminando la parte finale più dura e tagliarli a rondelle, lasciando intere le punte.
3. Tritare finemente la cipolla.
4. In una pentola capiente, scaldare l'olio extravergine d'oliva a fuoco medio e aggiungere la cipolla tritata. Soffriggere fino a quando diventa trasparente.
5. Aggiungere l'orzo alla pentola e tostarlo per 2-3 minuti, mescolando continuamente.
6. Versare un mestolo di brodo vegetale caldo e mescolare fino a completo assorbimento. Continuare ad aggiungere il brodo un mestolo alla volta, mescolando spesso, fino a quando l'orzo è cotto al dente (circa 25 minuti).
7. A metà cottura, aggiungere gli asparagi tagliati, riservando le punte per gli ultimi 5 minuti di cottura.
8. Una volta che l'orzo è cotto e cremoso, togliere

dal fuoco e incorporare il parmigiano grattugiato. Aggiustare di sale e pepe a piacere.

9. Lasciare riposare per un paio di minuti prima di servire.

Valore nutrizionale per porzione

Calorie: 320
Carboidrati: 55 g
Fibre: 8 g
Zuccheri: 4 g
Proteine: 12 g
Grassi saturi: 2 g
Grassi insaturi: 5 g

Consigli per varianti degli ingredienti

Puoi sostituire il parmigiano con pecorino per un sapore più deciso. Aggiungi un pizzico di peperoncino per un tocco piccante.

91. Polpette di Lenticchie e Carote

🕐 tempo di preparazione: 20 minuti

🔥 tempo di cottura: 30 minuti

🍴 porzioni: 4

☆ grado di difficoltà: Facile

Ingredienti

- 200 g di lenticchie rosse
- 2 carote medie
- 1 cipolla piccola
- 2 spicchi d'aglio
- 2 cucchiai di olio extravergine d'oliva
- 50 g di pangrattato integrale
- 1 cucchiaino di cumino in polvere
- 1 cucchiaino di curcuma
- Sale q.b.
- Pepe nero q.b.
- Prezzemolo fresco tritato q.b.

Procedimento

1. Sciacquare le lenticchie sotto acqua corrente fredda e cuocerle in abbondante acqua salata per circa 15 minuti o fino a quando sono tenere. Scolare e lasciare raffreddare.
2. Pelare le carote e grattugiarle finemente.
3. Tritare finemente la cipolla e gli spicchi d'aglio.
4. In una padella,

scaldare 1 cucchiaio di olio extravergine d'oliva a fuoco medio e aggiungere la cipolla e l'aglio tritati. Soffriggere fino a quando la cipolla diventa trasparente.

5. Aggiungere le carote grattugiate alla padella e cuocere per altri 5 minuti, mescolando di tanto in tanto.

6. In una ciotola grande, unire le lenticchie cotte, il soffritto di cipolla e carote, il pangrattato, il cumino, la curcuma, il sale, il pepe e il prezzemolo tritato. Mescolare bene fino a ottenere un composto omogeneo.

7. Con le mani leggermente umide, formare delle polpette di dimensioni uniformi.

8. Scaldare il restante cucchiaio di olio extravergine d'oliva in una padella antiaderente a fuoco medio e cuocere le polpette per circa 5 minuti per lato, fino a quando sono dorate e croccanti.

Valore nutrizionale per porzione

Calorie: 280
Carboidrati: 40 g
Fibre: 10 g
Zuccheri: 5 g
Proteine: 12 g
Grassi saturi: 1 g
Grassi insaturi: 7 g

Consigli per varianti degli ingredienti

Puoi aggiungere un pizzico di peperoncino per un tocco piccante. Sostituisci il pangrattato con farina di ceci per una versione senza glutine.

92. Couscous di Pollo e Mandorle

🕐 tempo di preparazione: 20 minuti

🍳 tempo di cottura: 30 minuti

🍴 porzioni: 4

☆ grado di difficoltà: Facile

Ingredienti

- 200 g di couscous integrale
- 300 g di petto di pollo
- 50 g di mandorle a

lamelle
- 1 cipolla piccola
- 2 cucchiai di olio extravergine d'oliva
- 1 cucchiaino di curcuma
- 1 cucchiaino di zenzero in polvere
- 1 cucchiaino di cumino in polvere
- 500 ml di brodo vegetale
- Sale q.b.
- Pepe nero q.b.
- Prezzemolo fresco tritato q.b.

Procedimento

1. Tagliare il petto di pollo a cubetti di circa 2 cm.
2. Tritare finemente la cipolla.
3. In una padella capiente, scaldare 1 cucchiaio di olio extravergine d'oliva a fuoco medio e aggiungere la cipolla tritata. Soffriggere fino a quando diventa trasparente.
4. Aggiungere i cubetti di pollo alla padella e rosolare per circa 5 minuti, mescolando di tanto in tanto.
5. Unire la curcuma, lo zenzero e il cumino al pollo, mescolando bene per distribuire le spezie.
6. Versare il brodo vegetale caldo nella padella e portare a ebollizione. Ridurre il fuoco e lasciare cuocere a fuoco lento per circa 15 minuti, fino a quando il pollo è cotto.
7. Nel frattempo, in un'altra padella, tostare le mandorle a lamelle a fuoco medio fino a quando sono dorate. Mettere da parte.
8. In una ciotola grande, versare il couscous e aggiungere 1 cucchiaio di olio extravergine d'oliva. Mescolare bene.
9. Versare il brodo con il pollo sul couscous, coprire e lasciare riposare per 5 minuti, fino a quando il couscous ha assorbito tutto il liquido.
10. Sgranare il couscous con una forchetta, aggiustare di sale e pepe a piacere.
11. Aggiungere le mandorle tostate e il prezzemolo tritato, mescolando delicatamente.

Valore nutrizionale per porzione

Calorie: 450
Carboidrati: 50 g
Fibre: 6 g
Zuccheri: 2 g
Proteine: 30 g
Grassi saturi: 2 g
Grassi insaturi: 10 g

Consigli per varianti degli ingredienti

Puoi sostituire il pollo con tacchino per una variante diversa. Aggiungi un pizzico di peperoncino per un tocco piccante.

93. Insalata di Spinaci e Noci

⏱ tempo di preparazione: 15 minuti

🍽 porzioni: 4

☆ grado di difficoltà: Facile

Ingredienti

- 200 g di spinaci freschi
- 50 g di noci
- 1 mela verde
- 50 g di formaggio feta
- 2 cucchiai di olio extravergine d'oliva
- 1 cucchiaio di aceto di mele
- Sale q.b.
- Pepe nero q.b.

Procedimento

1. Lavare accuratamente gli spinaci sotto acqua corrente fredda e asciugarli con una centrifuga per insalata o un panno pulito.
2. Tritare grossolanamente le noci e tostarle in una padella antiaderente a fuoco medio per circa 3 minuti, mescolando di tanto in tanto, fino a quando sono dorate. Lasciarle raffreddare.
3. Tagliare la mela verde a fettine sottili, eliminando il torsolo.
4. Sbriciolare il formaggio feta in piccoli pezzi.
5. In una ciotola grande, unire gli spinaci, le fettine di mela, le noci tostate e il formaggio feta.
6. In una ciotolina, emulsionare l'olio extravergine d'oliva con l'aceto di mele, un pizzico di sale e pepe nero a piacere.

7. Versare il condimento sull'insalata e mescolare delicatamente per distribuire uniformemente gli ingredienti.

Valore nutrizionale per porzione

Calorie: 220
Carboidrati: 10 g
Fibre: 4 g
Zuccheri: 5 g
Proteine: 6 g
Grassi saturi: 3 g
Grassi insaturi: 12 g

Consigli per varianti degli ingredienti

Puoi sostituire la mela verde con una pera per un sapore più dolce. Aggiungi semi di girasole per un tocco croccante in più.

94. Zuppa di Carote e Curcuma

⏱ tempo di preparazione: 15 minuti

🜄 tempo di cottura: 30 minuti

🍴 porzioni: 4

☆ grado di difficoltà: Facile

Ingredienti

- 500 g di carote
- 1 cipolla media
- 2 spicchi d'aglio
- 1 cucchiaio di olio extravergine d'oliva
- 1 cucchiaino di curcuma in polvere
- 1 litro di brodo vegetale
- Sale q.b.
- Pepe nero q.b.
- Prezzemolo fresco tritato q.b.

Procedimento

1. Pelare le carote e tagliarle a rondelle di circa 1 cm di spessore.
2. Tritare finemente la cipolla e gli spicchi d'aglio.
3. In una pentola capiente, scaldare l'olio extravergine d'oliva a fuoco medio.
4. Aggiungere la cipolla e l'aglio tritati e soffriggere per circa 5 minuti, fino a quando la cipolla diventa trasparente.
5. Unire le carote alla pentola e mescolare bene.
6. Aggiungere la curcuma e mescolare per distribuire uniformemente

la spezia.
7. Versare il brodo vegetale caldo nella pentola e portare a ebollizione.
8. Ridurre il fuoco e lasciare cuocere a fuoco lento per circa 20 minuti, fino a quando le carote sono tenere.
9. Utilizzare un frullatore a immersione per frullare la zuppa fino a ottenere una consistenza liscia e cremosa.
10. Aggiustare di sale e pepe a piacere.
11. Servire la zuppa calda, guarnita con prezzemolo fresco tritato.

Valore nutrizionale per porzione

Calorie: 120
Carboidrati: 20 g
Fibre: 5 g
Zuccheri: 10 g
Proteine: 2 g
Grassi saturi: 0 g
Grassi insaturi: 3 g

Consigli per varianti degli ingredienti

Puoi aggiungere un pizzico di zenzero fresco grattugiato per un sapore più speziato. Sostituisci il prezzemolo con coriandolo fresco per un tocco esotico.

95. Pollo al Limone e Zenzero

⏱ tempo di preparazione: 10 minuti

🍳 tempo di cottura: 25 minuti

🍽 porzioni: 4

☆ grado di difficoltà: Facile

Ingredienti

- 500 g di petto di pollo
- 2 limoni
- 1 pezzo di zenzero fresco (circa 3 cm)
- 2 cucchiai di olio extravergine d'oliva
- 1 spicchio d'aglio
- Sale q.b.
- Pepe nero q.b.
- Prezzemolo fresco tritato q.b.

Procedimento

1. Tagliare il petto di pollo a cubetti di circa 2 cm.
2. Grattugiare la scorza di un limone e spremere il succo di entrambi i

limoni.

3. Pelare e grattugiare finemente lo zenzero.

4. In una ciotola, unire il succo di limone, la scorza grattugiata, lo zenzero, l'olio extravergine d'oliva, l'aglio tritato, un pizzico di sale e pepe. Mescolare bene.

5. Aggiungere i cubetti di pollo alla marinata e mescolare per coprire uniformemente. Lasciare marinare per almeno 15 minuti.

6. Scaldare una padella antiaderente a fuoco medio-alto.

7. Aggiungere il pollo marinato alla padella e cuocere per circa 10-12 minuti, mescolando di tanto in tanto, fino a quando il pollo è ben cotto e dorato.

8. Servire caldo, guarnito con prezzemolo fresco tritato.

Valore nutrizionale per porzione

Calorie: 250
Carboidrati: 3 g
Fibre: 1 g
Zuccheri: 1 g

Proteine: 30 g
Grassi saturi: 1 g
Grassi insaturi: 5 g

Consigli per varianti degli ingredienti

Puoi aggiungere un pizzico di peperoncino per un tocco piccante. Sostituisci il prezzemolo con coriandolo fresco per un sapore più esotico.

96. Insalata di Quinoa e Avocado

⏲ tempo di preparazione: 15 minuti

🔥 tempo di cottura: 15 minuti

🍴 porzioni: 4

☆ grado di difficoltà: Facile

Ingredienti

- 200 g di quinoa
- 1 avocado maturo
- 1 cetriolo
- 150 g di pomodorini ciliegia
- 1 cipolla rossa piccola
- 2 cucchiai di olio extravergine d'oliva
- Succo di 1 limone
- Sale q.b.
- Pepe nero q.b.

- Prezzemolo fresco tritato q.b.

Procedimento

1. Sciacquare la quinoa sotto acqua corrente fredda per eliminare eventuali residui di saponina.
2. Cuocere la quinoa in una pentola con 400 ml di acqua leggermente salata. Portare a ebollizione, quindi ridurre il fuoco e coprire. Cuocere per circa 15 minuti, fino a quando l'acqua è completamente assorbita. Lasciare raffreddare.
3. Tagliare l'avocado a metà, rimuovere il nocciolo e tagliare la polpa a cubetti.
4. Pelare il cetriolo e tagliarlo a dadini.
5. Tagliare i pomodorini a metà.
6. Affettare finemente la cipolla rossa.
7. In una ciotola grande, unire la quinoa raffreddata, l'avocado, il cetriolo, i pomodorini e la cipolla.
8. Condire con olio extravergine d'oliva, succo di limone, sale e pepe. Mescolare delicatamente per amalgamare gli ingredienti.
9. Guarnire con prezzemolo fresco tritato prima di servire.

Valore nutrizionale per porzione

Calorie: 250
Carboidrati: 30 g
Fibre: 7 g
Zuccheri: 3 g
Proteine: 6 g
Grassi saturi: 1 g
Grassi insaturi: 10 g

Consigli per varianti degli ingredienti

Puoi aggiungere semi di chia per un extra di fibre. Sostituisci il prezzemolo con coriandolo fresco per un sapore più esotico.

97. Risotto di Farro e Zucchine

⏱ tempo di preparazione: 10 minuti

🔥 tempo di cottura: 30 minuti

🍴 porzioni: 4

☆ grado di difficoltà: Facile

Ingredienti

- 200 g di farro
- 2 zucchine medie
- 1 cipolla piccola
- 2 cucchiai di olio extravergine d'oliva
- 1 litro di brodo vegetale
- 50 g di parmigiano grattugiato
- Sale q.b.
- Pepe nero q.b.
- Prezzemolo fresco tritato q.b.

Procedimento

1. Sciacquare il farro sotto acqua corrente fredda e scolarlo bene.
2. Tagliare le zucchine a dadini di circa 1 cm.
3. Tritare finemente la cipolla.
4. In una pentola capiente, scaldare l'olio extravergine d'oliva a fuoco medio.
5. Aggiungere la cipolla tritata e farla soffriggere fino a quando diventa trasparente.
6. Unire le zucchine e cuocere per 5 minuti, mescolando di tanto in tanto.
7. Aggiungere il farro e mescolare bene per farlo tostare leggermente.
8. Versare un mestolo di brodo vegetale caldo e mescolare fino a completo assorbimento.
9. Continuare ad aggiungere il brodo un mestolo alla volta, mescolando spesso, fino a quando il farro è cotto al dente (circa 20-25 minuti).
10. Aggiustare di sale e pepe a piacere.
11. Togliere dal fuoco e incorporare il parmigiano grattugiato, mescolando bene.
12. Servire caldo, guarnito con prezzemolo fresco tritato.

Valore nutrizionale per porzione

Calorie: 320
Carboidrati: 50 g
Fibre: 8 g
Zuccheri: 4 g
Proteine: 12 g
Grassi saturi: 2 g
Grassi insaturi: 7 g

Consigli per varianti degli ingredienti

Puoi aggiungere un pizzico di curcuma per un tocco di colore e sapore. Sostituisci il parmigiano con lievito alimentare per una versione vegana.

98. Polpette di Ceci e Spinaci

⏱ tempo di preparazione: 20 minuti

🔥 tempo di cottura: 30 minuti

🍴 porzioni: 4

☆ grado di difficoltà: Facile

Ingredienti

- 400 g di ceci cotti
- 200 g di spinaci freschi
- 1 cipolla piccola
- 2 spicchi d'aglio
- 2 cucchiai di olio extravergine d'oliva
- 50 g di pangrattato integrale
- 1 cucchiaino di cumino in polvere
- Sale q.b.
- Pepe nero q.b.

Procedimento

1. Tritare finemente la cipolla e gli spicchi d'aglio.
2. In una padella, scaldare 1 cucchiaio di olio extravergine d'oliva a fuoco medio. Aggiungere la cipolla e l'aglio tritati e farli soffriggere fino a quando diventano trasparenti.
3. Aggiungere gli spinaci freschi nella padella e cuocere fino a quando appassiscono. Togliere dal fuoco e lasciare raffreddare leggermente.
4. In un frullatore, unire i ceci cotti, gli spinaci cotti, il cumino, il sale e il pepe. Frullare fino a ottenere un composto omogeneo.
5. Trasferire il composto in una ciotola e aggiungere il pangrattato. Mescolare bene fino a ottenere un impasto compatto.
6. Con le mani leggermente umide, formare delle polpette di circa 4 cm di diametro.
7. Scaldare il restante cucchiaio di olio extravergine d'oliva in una padella antiaderente a fuoco medio.

8. Cuocere le polpette per circa 5 minuti per lato, fino a quando sono dorate e croccanti.
9. Servire calde.

Valore nutrizionale per porzione

Calorie: 280
Carboidrati: 35 g
Fibre: 10 g
Zuccheri: 2 g
Proteine: 12 g
Grassi saturi: 1 g
Grassi insaturi: 8 g

Consigli per varianti degli ingredienti

Puoi aggiungere un pizzico di paprika affumicata per un sapore più intenso. Sostituisci il pangrattato con farina di mandorle per una versione senza glutine.

99. Filetto di Salmone al Forno con Erbe Aromatiche

🕐 tempo di preparazione: 10 minuti

🔥 tempo di cottura: 20 minuti

🍴 porzioni: 4

☆ grado di difficoltà: Facile

Ingredienti

- 4 filetti di salmone (150 g ciascuno)
- 2 cucchiai di olio extravergine di oliva
- 1 cucchiaino di timo secco
-1 cucchiaino di rosmarino secco
- Succo di 1 limone
- Sale q.b.
- Pepe nero q.b.

Procedimento

• Preriscalda il forno a 180°C.
• Disponi i filetti di salmone su una teglia rivestita con carta forno.
• Spennella con olio e condisci con timo, rosmarino, sale e pepe.
• Spremi il limone sopra i filetti.
• Cuoci per 18-20 minuti, finché il salmone è tenero e si sfalda facilmente con

una forchetta.
- Preriscalda il forno a 180°C.
- Disponi i filetti di salmone su una teglia rivestita con carta forno.
- Spennella con olio e condisci con timo, rosmarino, sale e pepe.
- Spremi il limone sopra i filetti.

Valore nutrizionale per porzione

Calorie: 280 kcal

Proteine: 25 g

Grassi: 18 g

Carboidrati: 1 g

Consigli per varianti degli ingredienti

Puoi sostituire il salmone con trota o merluzzo. Aggiungi una spolverata di paprika dolce per un tocco speziato.

100. Zuppa di Lenticchie Rosse e Verdure

⏱ tempo di preparazione: 15 minuti

🔥 tempo di cottura: 30 minuti

🍴 porzioni: 4

☆ grado di difficoltà: Facile

Ingredienti

- 200 g di lenticchie rosse decorticate
- 2 carote medie, a cubetti
- 1 zucchina media, a cubetti
- 1 cipolla piccola, tritata
- 2 cucchiai di olio extravergine di oliva
- 1 cucchiaino di curcuma in polvere
- 1,2 litri di brodo vegetale
- Sale q.b.
- Pepe nero q.b.

Procedimento

- In una pentola capiente, soffriggi cipolla e carote nell'olio per 5 minuti.
- Aggiungi zucchina e

curcuma, mescolando per 2 minuti.

- Versa le lenticchie e il brodo, porta a ebollizione.
- Riduci il fuoco e cuoci a fuoco lento per circa 25 minuti, finché le lenticchie sono morbide.
- Aggiusta di sale e pepe e servi calda.
- In una pentola capiente, soffriggi cipolla e carote nell'olio per 5 minuti.
- Aggiungi zucchina e curcuma, mescolando per 2 minuti.
- Versa le lenticchie e il brodo, porta a ebollizione.
- Riduci il fuoco e cuoci a fuoco lento per circa 25 minuti, finché le lenticchie sono morbide.

Valore nutrizionale per porzione

Calorie: 210 kcal

Proteine: 12 g

Grassi: 6 g

Carboidrati: 28 g

Consigli per varianti degli ingredienti

Puoi aggiungere spinaci freschi a fine cottura per arricchire la zuppa di vitamine. Sostituisci la curcuma con curry per un sapore più deciso.

Capitolo 4: Pianificazione e Organizzazione dei Pasti

Per pianificare pasti settimanali antinfiammatori in modo efficace, il primo passo è identificare obiettivi nutrizionali specifici. Questi dovrebbero includere un buon apporto di **antiossidanti, fibre** e **grassi sani**, che sono fondamentali per ridurre l'infiammazione nel corpo. Gli antiossidanti, presenti in frutta e verdura come *mirtilli, spinaci* e *carote*, aiutano a combattere i radicali liberi. Le fibre, che si trovano in cereali integrali come l'*avena* e nei legumi come *lenticchie* e *fagioli*, supportano la salute digestiva e aiutano a mantenere stabili i livelli di zucchero nel sangue. I grassi sani, come quelli dell'*olio d'oliva extravergine* e del *pesce grasso* come *salmone* e *sardine*, forniscono acidi grassi essenziali, come gli **omega-3**, che combattono l'infiammazione.

Un modo pratico per raggiungere questi obiettivi è dedicare del tempo nel fine settimana per organizzare i pasti della settimana successiva. Usare un calendario o un'app di pianificazione alimentare aiuta a visualizzare e bilanciare la varietà di alimenti. Questo sistema assicura che ogni pasto contenga una combinazione di:

- proteine magre, come pollo o tofu
- cereali integrali
- verdure colorate
- grassi sani

Permette anche di controllare le porzioni per garantire un apporto calorico adeguato, idealmente tra 1500 e 2000 calorie al giorno, a seconda delle esigenze individuali.

Un esempio di settimana tipo può iniziare con una colazione a base di 200 grammi di *yogurt greco*, arricchito con 50 grammi di *frutti di bosco* e 30 grammi di *noci*. Questa combinazione fornisce circa 20 grammi di **proteine**, 10 grammi di **fibre** e una buona dose di **antiossidanti** e **grassi sani**. A pranzo, un'insalata di *quinoa* con 150 grammi di *quinoa cotta*, 200 grammi di *verdure miste* come *spinaci* e *pomodori*, e 30 grammi di *semi di girasole* offre un pasto equilibrato e nutriente, apportando circa 15 grammi di **proteine** e 8 grammi di **fibre**. Per cena, un filetto di *salmone* al forno da 150 grammi, accompagnato da 200 grammi di *broccoli al vapore* e 100 grammi di *patate dolci*, rappresenta una scelta ricca di **omega-3** e **fibre**, fornendo circa 30 grammi di **proteine** e 6 grammi di **fibre**.

Scegliere piatti che si possano facilmente adattare e combinare aiuta a ottimizzare il tempo e ridurre lo spreco alimentare. Le insalate, ad esempio, si possono preparare in anticipo e personalizzare con diversi ingredienti in base alle preferenze e alle disponibilità. Le zuppe, come una *zuppa di lenticchie* e *verdure*, si possono cucinare in grandi quantità e conservare in frigorifero o congelatore per pasti veloci durante la settimana. I piatti unici, come un *risotto integrale* con *verdure* e *pollo*, offrono un pasto completo in un'unica portata e riducono il tempo di preparazione e pulizia.

Un suggerimento utile è preparare in anticipo alcuni ingredienti base, come cuocere 500 grammi di *riso integrale* o *quinoa* e conservarli in contenitori ermetici in frigorifero. In questo modo si ha una base pronta per diversi pasti. Lavare e tagliare le *verdure* in anticipo rende più semplice la preparazione dei pasti quotidiani, riduce il tempo necessario per cucinare e aumenta la probabilità di consumare pasti sani.

Per organizzare al meglio la cucina e rendere più semplice la preparazione dei pasti antinfiammatori, è importante avere una dispensa ben fornita. Tieni sempre a disposizione ingredienti base come legumi, noci e semi; ad esempio, conserva almeno:

- 500 grammi di lenticchie, ceci e fagioli, sia secchi che in scatola, da usare in zuppe, insalate o come contorno.
- 200 grammi di noci e semi misti, come mandorle, noci e semi di lino, pronti per arricchire colazioni, spuntini o insalate con grassi sani e fibre.

Le spezie e i condimenti antinfiammatori possono rendere i tuoi piatti più gustosi e portare benefici per la salute. Dedica un angolo della cucina a spezie come **curcuma**, **zenzero**, **cannella** e **pepe nero**. Queste non solo migliorano il sapore, ma offrono anche vantaggi antinfiammatori; la **curcuma**, grazie alla **curcumina**, è nota per le sue proprietà e può essere aggiunta a curry, zuppe o bevande calde come il *latte d'oro*. Conserva almeno 50 grammi di ciascuna in barattoli ermetici per mantenerle fresche e sempre a portata di mano.

Il **batch cooking** è una strategia utile per risparmiare tempo e garantire pasti sani durante la settimana. Scegli un giorno, come la domenica, per preparare in anticipo gli ingredienti base. Cuoci:

- 1 kg di cereali integrali, come riso integrale o quinoa.
- 500 grammi di legumi.
- Arrostisci 1 kg di verdure miste come zucchine, peperoni e carote.

Riponi questi ingredienti in contenitori ermetici in frigorifero, pronti per essere combinati in vari piatti; ad esempio, la quinoa cotta si presta a un'insalata veloce con verdure arrostite e noci, oppure i legumi possono arricchire una zuppa o uno stufato.

Preparare e congelare porzioni extra rende più facile gestire i pasti nei giorni più impegnativi. Suddividi zuppe, stufati o piatti unici in porzioni singole e congelale in contenitori adatti al freezer, etichettando ogni contenitore con il nome del piatto e la data di preparazione. In questo modo saprai sempre cosa hai a disposizione e quando è stato preparato. Così avrai sempre un pasto sano pronto, riducendo la tentazione di scegliere cibi meno salutari.

Una lista della spesa dettagliata aiuta a evitare acquisti impulsivi e assicura che tutti gli ingredienti necessari siano disponibili. Prima di andare a fare la spesa, pianifica i pasti della settimana e scrivi una lista basata su ciò che ti serve, indicando quantità precise come:

- 1 kg di frutta e verdura fresca.
- 500 grammi di cereali integrali.
- 200 grammi di proteine magre come pollo o pesce.

Questo metodo ti permette di restare concentrato e di non acquistare cibi superflui.

Per risparmiare tempo in cucina, considera l'uso di elettrodomestici multifunzione come **robot da cucina, frullatori** e **pentole a pressione**. Questi strumenti possono ridurre notevolmente i tempi di preparazione e cottura. Un **robot da cucina**, ad esempio, trita le verdure in pochi secondi, mentre una **pentola a pressione** cuoce i legumi in metà tempo rispetto ai metodi tradizionali.

Capitolo 5: Abitudini Quotidiane Antinfiammatorie

Integrare una routine di attività fisica regolare nella vita quotidiana è fondamentale per mantenere uno stile di vita **antinfiammatorio**. L'esercizio aiuta a mantenere un peso corporeo sano e a ridurre i livelli di infiammazione nel corpo. Studi dimostrano che c'è una connessione tra l'attività fisica costante e la diminuzione dei marcatori infiammatori nel sangue. Chi desidera iniziare o migliorare la propria routine può optare per attività a basso impatto, come:

- yoga
- pilates
- camminate giornaliere

Queste attività si adattano facilmente a diversi livelli di fitness.

Lo **yoga** combina movimenti lenti e controllati con tecniche di respirazione e meditazione, risultando molto utile per ridurre lo stress, migliorare la flessibilità e rafforzare i muscoli. Le ricerche mostrano che praticarlo aumenta la mobilità articolare e riduce la tensione muscolare. Si può iniziare dedicando almeno 20-30 minuti al giorno a una sessione, scegliendo tra le tante risorse disponibili online, come video tutorial o app. Un ambiente tranquillo, un tappetino e abbigliamento comodo aiutano a praticare meglio. Chi è alle prime armi può iniziare con posizioni semplici come la posizione del bambino (*Balasana*) o il cane a testa in giù (*Adho Mukha Svanasana*), che sono utili per rilassare mente e corpo e per avvicinarsi gradualmente alla pratica.

Il **pilates**, simile allo yoga, si concentra sul rafforzamento del core e sul miglioramento della postura. Le evidenze mostrano che aiuta a stabilizzare il tronco e a ridurre il mal di schiena. Anche in questo caso, sessioni di 20-30 minuti sono un buon punto di partenza, utilizzando un tappetino e, se disponibili, piccoli attrezzi come bande elastiche o palline. Le lezioni possono essere seguite tramite app o video online, che offrono programmi specifici per principianti. Eseguire gli esercizi con attenzione, concentrandosi sulla respirazione e sul controllo dei movimenti, permette di massimizzare i benefici e prevenire infortuni.

Le **camminate giornaliere** sono un'altra attività a basso impatto che si può facilmente inserire nella routine quotidiana. Camminare per almeno 30 minuti al giorno, a un ritmo moderato di circa 4-5 km/h, migliora la circolazione, riduce lo stress e aiuta a mantenere un peso sano. Scegliere un percorso immerso nella natura o ascoltare musica rilassante o podcast interessanti può rendere le camminate più piacevoli. È importante indossare scarpe comode e adatte, con un buon supporto per l'arco plantare, per evitare infortuni.

Oltre all'attività fisica, la **meditazione** e la **mindfulness** sono strumenti efficaci per ridurre lo stress, un fattore chiave nell'infiammazione cronica. Dedicare anche solo 10-15 minuti al giorno alla meditazione può fare una grande differenza, favorendo una maggiore consapevolezza e una riduzione dell'ansia. Un ambiente rilassante si può creare con candele profumate, oli essenziali o musica tranquilla. Diverse app di meditazione, come *Headspace* o *Calm*, offrono sessioni guidate per principianti e facilitano lo sviluppo di una pratica regolare.

La meditazione si può praticare in diverse forme, come quella concentrativa, che prevede di focalizzarsi su un singolo punto, oppure la meditazione di consapevolezza, che incoraggia a osservare i propri pensieri e sensazioni senza giudizio. Trovare un momento della giornata in cui ci si sente più tranquilli, come la mattina presto o la sera prima di dormire, permette di dedicarsi a questa pratica e di ottenere il massimo beneficio.

La gestione dello **stress** è molto importante per mantenere bassi i livelli di **infiammazione** nel corpo. Infatti, lo stress prolungato può attivare una risposta infiammatoria, peggiorando condizioni già esistenti e aumentando il rischio di malattie. Una delle tecniche più utili è la **respirazione profonda**, una pratica semplice ma efficace che puoi fare ovunque. Per iniziare, trova un posto tranquillo e siediti comodamente; inspira profondamente attraverso il naso per quattro secondi, trattieni il respiro per altri quattro e poi espira lentamente attraverso la bocca per sei secondi. Ripeti questo ciclo per almeno cinque minuti, concentrandoti sul tuo respiro e lasciando andare le tensioni accumulate.

Un'altra strategia utile è il **journaling**: dedicare un po' di tempo ogni giorno a scrivere pensieri e sentimenti può aiutarti a chiarire la mente, ridurre l'ansia e aumentare la consapevolezza di te stesso. Non è necessario riempire pagine intere; bastano anche solo 10-15 minuti al giorno per notare un cambiamento significativo. Puoi iniziare descrivendo la tua giornata, esprimendo gratitudine per le cose positive o analizzando le emozioni che provi. L'importante è essere sinceri e aperti con te stesso, così da permettere una riflessione profonda.

Anche l'**arte-terapia** è un modo creativo per gestire lo stress, e non serve essere artisti esperti per beneficiarne. Puoi iniziare con semplici disegni, pittura o collage: l'obiettivo è esprimere le emozioni attraverso l'arte, permettendo alla mente di rilassarsi e di allontanarsi dalle preoccupazioni quotidiane. Dedica almeno 30 minuti a questa attività, scegliendo un momento della giornata in cui ti senti più rilassato e creativo per ottenere il massimo beneficio.

La qualità del sonno è fondamentale per mantenere bassi i livelli di infiammazione, poiché la mancanza di riposo può aumentare i livelli di **cortisolo**, l'ormone dello stress che favorisce l'infiammazione. Per migliorare il sonno, stabilisci una routine serale regolare:

- Spegni tutti i dispositivi elettronici almeno un'ora prima di andare a letto, perché la luce blu di smartphone, tablet e computer può interferire con la produzione di melatonina, l'ormone che regola il sonno.
- Prepara la camera da letto in modo che sia confortevole e buia, mantenendo una temperatura tra i 18 e i 20 gradi Celsius.
- Usa tende oscuranti per bloccare la luce esterna e, se necessario, una maschera per gli occhi.
- Riduci al minimo i rumori con tappi per le orecchie o una macchina per il rumore bianco, utile per mascherare i suoni disturbanti e favorire un sonno ininterrotto.

Se hai difficoltà ad addormentarti o a dormire bene, cerca di capire le possibili cause, come rumori esterni, temperatura inadeguata o un materasso scomodo. Scegliere un buon materasso e cuscini di qualità può migliorare notevolmente il riposo. Evita pasti pesanti e bevande contenenti caffeina nelle ore serali, perché possono interferire con il sonno e compromettere il recupero notturno.

Un rituale serale rilassante, come un bagno caldo o la lettura di un libro, segnala al corpo che è il momento di rilassarsi e prepararsi per la notte. Queste abitudini aiutano a ridurre lo stress e a migliorare la qualità del sonno.

Mangiare lentamente è una pratica importante per sviluppare abitudini alimentari consapevoli. Quando consumi il pasto con calma, il tuo corpo ha il tempo di inviare segnali di **sazietà** al cervello, riducendo il rischio di mangiare troppo. Un modo semplice per iniziare è impostare un timer di 20 minuti e cercare di mangiare in questo tempo, masticando ogni boccone almeno 20-30 volte. Questo approccio migliora la digestione e ti permette di apprezzare meglio i sapori e le consistenze del cibo.

È fondamentale prestare attenzione ai segnali di sazietà. Prima di sederti a tavola, prenditi un momento per valutare il tuo livello di fame su una scala da 1 a 10, dove 1 significa molta fame e 10 significa essere completamente sazi. Durante il pasto, fermati a metà e rivaluta come ti senti: questo esercizio ti aiuta a capire quando è il momento giusto per smettere di mangiare, evitando di farlo per abitudine o noia.

Coltivare la gratitudine prima dei pasti rafforza il legame con il cibo e può ridurre il consumo emotivo. Prima di iniziare a mangiare, dedica qualche istante a riflettere su ciò che stai per consumare, esprimendo riconoscenza per il cibo e per le persone che hanno contribuito a portarlo sulla tua tavola. Questo semplice gesto trasforma il pasto in un momento di consapevolezza e apprezzamento, diminuendo la tendenza a mangiare in risposta a stress o emozioni negative.

Provare nuovi ingredienti *antinfiammatori* rende i pasti più interessanti e piacevoli. Considera i seguenti ingredienti:

- Curcuma: una spezia potente con proprietà antinfiammatorie grazie alla curcumina, che puoi aggiungere a zuppe, stufati o frullati per un tocco esotico e salutare.
- Peppe di Cayenna: con il suo sapore piccante, arricchisce i piatti e stimola il metabolismo, oltre ad avere effetti antinfiammatori. Puoi usarlo sulle verdure arrostite o mescolarlo nelle salse per un sapore extra.

Tenere un **diario alimentare** è un ottimo modo per monitorare come i cambiamenti nella dieta influenzano la tua salute. Annota tutto ciò che mangi e bevi, insieme a eventuali sintomi fisici o emotivi che noti. In questo modo, diventa più facile individuare alimenti che potrebbero causare infiammazione o disagio. Se, ad esempio, dopo aver mangiato certi cibi ti senti gonfio o stanco, potresti considerare di ridurli o eliminarli dalla tua dieta.

Per rendere il diario più utile, è importante essere dettagliati, indicando:

- le quantità
- gli orari dei pasti
- le sensazioni prima e dopo aver mangiato

Così avrai una visione chiara delle tue abitudini alimentari e potrai fare scelte più consapevoli. Rivedere il diario di tanto in tanto ti permette di notare miglioramenti o aree che necessitano di ulteriori aggiustamenti.

Consiglio

Integrare attività fisica, meditazione e una routine serale rilassante nella tua giornata può ridurre l'infiammazione e migliorare il benessere generale. Inizia con piccoli passi: scegli un'attività a basso impatto come yoga, pilates o camminate, dedica qualche minuto alla meditazione e cura la qualità del sonno. Ricorda di mangiare lentamente e ascoltare i segnali del tuo corpo. Queste semplici abitudini, se praticate con costanza, possono fare una grande differenza nella tua salute.

Capitolo 6: 4 Menu Settimanali

Questi 4 menu settimanali sono stati realizzati utilizzando le 100 ricette del libro *Dieta Antinfiammatoria 2025*. Ogni settimana include 7 giorni di colazioni, pranzi e cene differenti per garantire varietà e un apporto bilanciato di nutrienti.

Settimana 1
Giorno 1
Colazione: Zuppa di Miso con Tofu
Pranzo: Pollo al Miele e Senape
Cena: Insalata di Riso Integrale e Tonno

Giorno 2
Colazione: Insalata di Ceci e Avocado
Pranzo: Risotto di Orzo e Asparagi
Cena: Pollo alla Griglia con Verdure

Giorno 3
Colazione: Porridge di Quinoa e Mele
Pranzo: Zuppa di Carote e Zenzero
Cena: Pollo al Limone e Rosmarino

Giorno 4
Colazione: Yogurt di Capra con Miele e Noci

Pranzo: Polpette di Pollo e Verdure
Cena: Risotto di Orzo e Asparagi

Giorno 5
Colazione: Pancake di Farina di Cocco
Pranzo: Insalata di Quinoa e Avocado
Cena: Zuppa di Carote e Curcuma

Giorno 6
Colazione: Smoothie di Pesca e Curcuma
Pranzo: Zuppa di Lenticchie e Spinaci
Cena: Filetto di Salmone al Forno con Erbe Aromatiche

Giorno 7
Colazione: Budino di Chia al Cacao
Pranzo: Couscous di Verdure e Ceci
Cena: Zuppa di Lenticchie Rosse e Verdure

Settimana 2
Giorno 1
Colazione: Pancake di Farina di Mandorle
Pranzo: Insalata di Ceci e Rucola
Cena: Zuppa di Broccoli e Curcuma

Giorno 2
Colazione: Muffin di Carote e Noci
Pranzo: Couscous di Pollo e Mandorle
Cena: Risotto di Farro e Funghi

Giorno 3
Colazione: Crema di Avocado e Lime
Pranzo: Insalata di Spinaci e Feta
Cena: Pollo al Sesamo e Zenzero

Giorno 4
Colazione: Barrette di Mandorle e Datteri
Pranzo: Zuppa di Verdure e Curcuma
Cena: Insalata di Fagioli Neri e Mais

Giorno 5
Colazione: Smoothie Verde con Spinaci e Zenzero
Pranzo: Risotto di Quinoa e Asparagi
Cena: Polpette di Lenticchie e Carote

Giorno 6
Colazione: Tè Matcha con Latte di Mandorla
Pranzo: Couscous di Ceci e Zucchine
Cena: Insalata di Orzo e Verdure Grigliate

Giorno 7
Colazione: Yogurt di Soia con Frutta Fresca
Pranzo: Filetto di Salmone al Forno con Erbe Aromatiche
Cena: Zuppa di Pomodoro e Basilico

Settimana 3
Giorno 1
Colazione: Focaccine di Ceci e Rosmarino
Pranzo: Insalata di Farro e Pomodori
Cena: Pollo al Curry con Riso Integrale

Giorno 2
Colazione: Smoothie di Mango e Curcuma
Pranzo: Risotto di Orzo e Zucchine
Cena: Couscous di Verdure e Mandorle

Giorno 3
Colazione: Muffin di Zucca e Cannella
Pranzo: Insalata di Spinaci e Noci
Cena: Zuppa di Lenticchie e Curcuma

Giorno 4
Colazione: Yogurt Greco con Noci e Miele
Pranzo: Risotto di Quinoa e Broccoli
Cena: Pollo al Limone e Zenzero

Giorno 5
Colazione: Smoothie di Ananas e Zenzero
Pranzo: Couscous di Pollo e Verdure
Cena: Zuppa di Verdure e Zenzero

Giorno 6
Colazione: Barrette di Avena e Cioccolato Fondente
Pranzo: Insalata di Riso Integrale e Tonno
Cena: Polpette di Tacchino e Spinaci

Giorno 7
Colazione: Porridge di Avena e Mirtilli
Pranzo: Filetto di Salmone al Forno con Erbe Aromatiche
Cena: Zuppa di Lenticchie Rosse e Verdure

Settimana 4
Giorno 1
Colazione: Crema di Ricotta e Frutti di Bosco
Pranzo: Insalata di Farro e Verdure Grigliate
Cena: Pollo al Miele e Senape

Giorno 2
Colazione: Smoothie di Fragole e Basilico
Pranzo: Risotto Integrale con Funghi e Zafferano
Cena: Zuppa di Carote e Curcuma

Giorno 3
Colazione: Yogurt di Capra con Miele e Noci
Pranzo: Couscous di Verdure e Ceci
Cena: Polpette di Lenticchie e Spinaci

Giorno 4
Colazione: Pancake di Grano Saraceno
Pranzo: Insalata di Orzo e Pomodori Secchi
Cena: Zuppa di Verdure e Zenzero

Giorno 5
Colazione: Barrette di Cereali e Frutta Secca
Pranzo: Risotto di Farro e Zucchine
Cena: Pollo alla Griglia con Verdure

Giorno 6
Colazione: Frullato di Banana e Semi di Lino
Pranzo: Insalata di Quinoa e Avocado
Cena: Filetto di Salmone al Forno con Erbe Aromatiche

Giorno 7
Colazione: Muffin di Mirtilli e Limone
Pranzo: Zuppa di Lenticchie e Spinaci
Cena: Zuppa di Lenticchie Rosse e Verdure